高校创新教育体系建构研究

房磊 著

吉林出版集团股份有限公司
全国百佳图书出版单位

图书在版编目（CIP）数据

高校创新教育体系建构研究 / 房磊著 . -- 长春：
吉林出版集团股份有限公司，2023.5
ISBN 978-7-5731-3332-8

Ⅰ．①高… Ⅱ．①房… Ⅲ．①高等学校－创造教育－
研究－中国 Ⅳ．① G640

中国国家版本馆 CIP 数据核字（2023）第 095800 号

高校创新教育体系建构研究
GAOXIAO CHUANGXIN JIAOYU TIXI JIANGOU YANJIU

著　　者　房　磊
出 版 人　吴　强
责任编辑　孙　璐
装帧设计　书仙文化
开　　本　787mm×1092mm　1/16
印　　张　8.75
字　　数　110 千字
版　　次　2023 年 5 月第 1 版
印　　次　2023 年 8 月第 1 次印刷
出　　版　吉林出版集团股份有限公司
发　　行　吉林音像出版社有限责任公司
　　　　　（吉林省长春市南关区福祉大路 5788 号）
电　　话　0431-81629679
印　　刷　三河市嵩川印刷有限公司
ISBN 978-7-5731-3332-8　　定　　价　55.00 元

本书为

江苏省教育厅高校哲学社会科学研究项目(项目编号 2021SJB0413)，江苏省高校社科联发展专项课题(项目编号 22GSB-037)资助项目。

前 言 PREFACE

　　现在社会是知识经济决定发展方向，国家之间综合实力的竞争实际上是科技和人才的竞争。只有在知识经济迅速发展的浪潮中，抓住发展的机遇，才能更快地提高我国在国际上的地位。而科技的进步以来创新型人才的不断探索，在传统的教育体系中，创新型人才培养并没有取得很显著的成效。因此，在社会急需创新型人才的今天，教育教学应该逐渐进行变革。在当下知识经济与教育改革的交互下，改变传统的教育模式，转变教育模式，确立以创新为核心的教育思想，是培养创新型人才的重要路径。

　　高校是培养人才的摇篮，现代社会的竞争越来越激烈，具备创新能力的人才在未来社会中将具备更大的竞争力。高校教育应该逐步推进创新教育，不断为国家为社会输送高质量的创新型人才，这是时代对高等教育提出的要求，也是高等教育面向未来的必经之路。近年来，各大高校相继成立了创新小组，制订了创新型人才培养方案，这也成为高等教育改革的趋势。对于高校创新教育来说，其主要通过教学活动的开展，培养学生的创新能力。在这个过程中，高校需要根据学生的具体情况进行创新教育的设计，从而建构适合学生的创新教育体系。也就是说，高校创新教育体系的建设需要经过精心设计和系统规划，并且遵循创新教育的基本规律，这是建设高校创新教育体系的基础。

　　本书主要对高校创新教育体系建构进行研究。其中，第一章简单介绍了创新教育的基本内涵、特点、理论基础、内在机制；第二章从政府主导型、高校主导型、市场主导型与多元治理型四个方面对创新教育的运行模式进行了分析；第三章对高校创新教育体系的构成进行了介绍，包括课程体系、教学体系系统与管理系统；第四章详细分析了高校创新教育协同机制的构建；第五章从五个方面重点探索了高校创新教育的路径；第六章对高校创新教育评价体系的构建进行了充分研究。

总的来说，本书有以下特色。

第一，不仅对社会治理的理论进行了梳理，而且从高校实际出发，对高校创新教育体系的发展情况进行了分析，使创新教育更加具有针对性，对高校创新教育体系的构建具有一定的指导作用。

第二，汲取了众多研究成果，主要对高校创新教育进行探索，吸收了先进的思想和理论，具有前瞻性的特点，能够更有效地解决高校创新教育中的矛盾，有利于高校创新教育的发展。

第三，内容详细，结构合理，条理分明。理论与实际相结合，能够对教育方面的工作者及教育学专业的学生提供更多的参阅资料，有助于他们的工作与学习。

本书在编写过程中，参考了大量相关著作与资料，在此一并向原著者表示衷心的感谢。因作者水平所限，本书内容难免有疏漏、不妥之处，敬请广大专家、读者批评斧正，为本书提出宝贵的修改意见。

房磊

2023 年 3 月

目 录 | CATALOGUE

第一章 创新教育概述

创新是现今社会最迫切的需要，特别是教育的创新，更是如此。创造新的教育，想出新的方法、建立新的理论、做出新的成绩的教育，是创新教育的特色与追求。

第一节 创新教育的内涵与特点

一、创新教育的内涵

创新教育，是指高校根据社会主义现代化发展对人的要求，依据创新学的理论、方法，有目的地培养学生的创新精神、创新能力和创新人格而开展的教育教学活动。简而言之，创新教育就是指培养创新性人才的教育。

创新性人才是在创新的相关概念提出后，随之发展起来的概念，其是指同时具有创新精神、创新能力和创新人格等三个方面的素质别于常规人才的社会资源，创新教育所培养造就的人才，是既具有广博的知识，具有突出的能力，又具有创新精神和创新才干的新型人才。培养创新型人才的创新教育也应包括以下三个方面的培养内容：

1. 创新精神

主要包括有好奇心、探究兴趣、求知欲，对新鲜事物的敏感，对真知的执着追求，对发现、发明、革新、开拓、进取的百折不挠的探索精神。这是一个人创新的灵魂与动力。

2.创新能力

主要包括创造思维能力，创造想象能力，创造性的计划、组织与实施某种活动的能力，这是创新的本质。

3.创新人格

主要包括创新责任感、使命感、事业心、执着的爱、顽强的意志和毅力，能经受挫折、失败的良好心态，以及坚忍顽强的性格。这是坚持创新、做出成果的根本保障。

二、创新教育的特征

（一）特异性

创新教育的特异性首先表现在学生的创新与人类总体创新包括专家学者的创新相比，虽然在创新的精神与思考方式上，都强调创新要探新、改革，有所创造，有所前进，不能一味模仿、照搬、套用，但是学生与专家创新的目的与影响不同。学生的创新，尤其是一般中小学生的创新，从社会或科学发展的角度看并不算真正的发明或发现。他们的创新只是相对于自己原有的水平而言，或相对于同学群体的水平而言，确有新的开拓与前进，如提出了个人独到的见解，有独特的做法、解法，其目的主要培养创新精神、能力和人格。其次，创新教育的特异性还表现在不同学科、年级的学生以及不同的学生个体都有其特点，要因材施教。

（二）全面性

创新教育要求引导学生掌握全面的基础知识，开发学生各方面的潜能，使学生在智、德、美、体、劳等方面全面发展。综合素质的提升是学生进行创新活动的基础与源泉，要尽可能地扩大学生的知识面，鼓励学生对学科有所偏爱和擅长，但要使他们懂得不能偏废，造成某些知识领域的空白。在发展上，不可忽视兴趣、情感与意志等非智力品质的培养；在认知上，又不可只重思维，忽视观察、记忆、想象等能力的培养；在思维上，也不可只重以逻辑思维为基础的聚合思维，或偏重以形象思维为基础的发散思维，应该结合发展，灵活使用。创新不能只靠某一两种素质，它要求尽可能开发人的各方面潜能，以便在需要时运用人的整体素质，将一个人的全部经验、智慧、能力、情感和意志以最佳方式组合起来，用于解决问题，达到真正意义上的前进、超越和创新。全面性，即从学生的实际出发，使他们的个性全面而自由地发展。

（三）探究性

创新教育离不开对问题的探究。实践证明，在教学或教育活动中，探究型的教学方式更能激发学生参与教学活动的积极性，更能引导学生进行独立思考引发创造性的思维，使学生的思维和能力得到有效的锻炼和提高。在创新教育的过程中，应当鼓励学生独立思考、积极探索，提出独到的见解、设想与独特的做法，完成富有个人特色的创造性作业，并注重让学生在探究的过程中，拓宽知识面，形成探究的兴趣、创新性思考和学习的能力以及创新性的人格和习惯。

（四）开放性

只有在开放式的环境中，学生才能开阔视野，增长知识，集思广益，重组经验，发挥出创造的潜能。开放式的创新教育活动注重联系学生的生活实际，联系社会生活实际，联系当代世界社会、经济、科学技术和文化发展的实际。一方面吸收有关的新信息、新知识，使教育内容反映学科的最新发展状况，并不断地使之充实与更新；另一方面引导学生运用知识于实际，去说明、理解或解决各种具体问题，使学生从中获得丰富而实用的新知识。

（五）民主性

创新教育的特点还表现在教育环境与氛围所表现出来的民主特性。在此环境下，学生感到宽松、融洽、愉快、自由、坦然，能够自由与自主地思考、探究，提出理论的假设，大胆地发表见解，果断而自主地决策和实践。

（六）超越性

创新教育本质上是引导和激励学生不断超越与前进的教育。它能够引导学生超越学习过程中的困难、障碍获取新知；超越普通生活中的现状，以新的思想和发明改造世界，建设新的生活环境；超越现实的自我状态，使学生的能力和修养得到提高。

总的来说，凡是有利于受教育者树立创新志向、培养创新精神、激发创新思维、增长创新才干、开展创新活动的教育，都可称之为创新教育。因此，创新教育又可概括为"五创教育"。创新教育要求受教育者在掌握已有知识的基础上拥有探索未知的精神和科学方法，勇于进取，开拓创新。

第二节 创新教育的理论基础

创新教育的发展是遵循一定的规律与原则的，同时也是在一定理论基础上而获得发展的。这些理论基础主要包括教育学基础、人才学基础、未来学基础等方面。

一、教育学基础

教育学是研究教育现象和教育问题，揭示教育规律的科学。教育一词有广义和狭义之分。广义的教育，是指凡是增进人们的知识和技能，影响人们思想品德的活动。狭义的教育，主要指学校教育，是教育者根据一定社会的要求，有目的、有计划、有组织地对受教育者的身心施加影响，把他们培养成为一定社会所需要的人的活动。

教育学作为一门独立的学科，有着悠久的发展历史。在人类历史长河中，人类在创造灿烂的物质文明与精神文明的同时，也积累了丰富的教育经验，提出过许多富有真知灼见的教育思想，对教育活动规律的认识也逐渐深刻。到17世纪，随着自然科学的迅猛发展，教育学科逐渐确立。

教育学是适应人们在生产劳动过程中传递生产经验和社会生活经验的实际需要而产生的。经历原始教育、古代教育、现代教育几个阶段，已经成为一个十分完善的学科。教育学理论的发展，为创新教育实践打下了坚实的理论基础。

创新教育是教育规律发展的必然结果。教育规律是客观存在的，它同人类的历史发展一样，是一个自然的历史过程。人类自古至今的教育演变过程，其实就是由教育的自在状态向教育的自为状态发展的历史必然过程。这个教育发展的过程是科学过程和人文过程的统一，旨在培养一代代具有创新精神和创新能力的创新型人才的创新教育，是教育发展到知识经济时代的必然结果。

教育是知识经济的基础，而创新教育则是知识经济的现实要求。当前，人类社会已经进入到知识经济时代。人类社会产生了深刻的革命性变化，人们的生活方式、工作方式、思维方式以及交往方式都发生着重大的变化。知识经济的兴起标志着社会生产方式的重大转变，从而导致社会劳动力的结构发生根本性变化。

在当前社会背景下，世界各个国家、民族的竞争已经上升为知识的竞争。知识劳动将成为绝大多数人谋生的手段，社会的每一个成员自身的生存能力将最终取决于获取和运用知识的能力。高素质、创新型人才成为适应时代和把握未来的关键因素。这种高素质、创新型人才只有通过教育才能培养出来。

二、人才学基础

人才学是关于人的成才规律与人才发展规律的科学，是一门新兴的综合型学科。所谓人才，就是德才兼备或具有某些专业特长的人。一般来说，人才大致可分为两类：一类具有社会责任感，对社会具有较大贡献的普通劳动者；一类是具有特殊专长，在某一领域内具有较大影响力，并作出突出贡献的专家、学者。

人才学理论研究的基本问题是人才与环境的关系。一方面，人才是环境的产物，受环境制约；另一方面，人才通过发挥主观能动性改变环境。人在受到环境制约的同时，也能改变环境。人类社会的历史，在一定意义上说是改变环境的历史和个体成才的过程，也是人在不断协调与解决自身和环境的关系的过程。人对客观环境的改变，正是人创造性与能动性发挥的表现。毋庸置疑，个体成才要受到自身先天素质和后天的德、识、才、学、体等素质的制约。人才的先天素质是人才的自然基础或物质前提，遗传是人的生物特征，对人的影响主要体现在智力和体格上。提高人的先天素质是通过优生优育来实现的，优良的先天素质为人的成才打下了坚实的物质基础。人的后天的德、识、才、学、体等素质是通过人的后天培养教育和实践活动实现的，它是个体成才的决定性因素。

综上所述，后天的教育与环境对人的成长至关重要，与环境相比，教育对人的成长与成才比环境的作用显得更为重要。教育是有计划、有目的、有组织地对人进行思想道德、知识能力等实施影响的过程。它对人的影响最为直接和巨大，而环境对人的影响则是自发的、间接的。因此，人才学的核心问题是通过研究个体成长与成才的发展规律，分析个体成长与成才的先天条件以及后天的教育与环境，特别是教育与社会环境对个体成长与成才的影响，从而为个体高素质形成与成长过程提供所需要的教育条件。

创新教育是根据人的发展与社会发展的需要，以培养学生创新精神与创新能力为根本目标的教育。培养高素质、创新型人才是创新教育的根本要求，换句话说，创新教育是培养创新型人才的教育。因此，要根据人才学原理，通过创新教育，为社会培养出杰出人才。

三、未来学基础

　　未来学是以现代自然科学和社会科学所确立的规律为依据，以社会未来作为研究对象，运用科学预测方法对社会前景进行科学预测的综合性学科。主要通过对社会现象、社会问题、社会过程的发展和变化及未来进行研究，探索和预测社会未来发展变化的前景和规律，寻求控制和创造社会未来的途径。未来学为创新教育的发展提供理论指导。知识经济时代，教育必须适应知识经济的发展，面向未来，把发展教育的参照系由现实转向未来，这是教育发展中的重大战略转变。这一转变势必要求教育观念、教育体制、教育目标与评价体系、教学内容和方法手段等都随之进行相应的规范转换。这些显然离不开科学的教育未来学的指导。教育不仅创造着自身的未来，而且孕育着未来世界的创造者。这一特点决定了在未来的选择与创造中，教育负有特殊使命，今日教育塑造出的人才在很大程度上决定未来世界的风貌。随着现代社会的不断发展，社会竞争力越来越大，面对这样的形势和背景，教育必须面向未来，以未来学为指导，实施创新教育，争取培养出一大批高质量的人才，促进国家和社会的持续、健康发展。

四、人本主义基础

　　人本主义理论以人的整体性研究为基础，崇尚人的尊严与人的价值，关心人的理性与非理性的一切方面的发展，反对忽视情感需要而一味进行理智训练。

　　行为主义理论主张研究人的外显行为，反对将意识和内部心理过程作为研究对象。它认为学习是由经验而引起的行为改变，学习过程是"刺激—反应"不断积累的过程，认为学习与内部心理过程无关。这种理论影响下的教学，教师是知识的传授者，居于不可动摇的主体地位，其任务是提供外部刺激，即向学生灌输、传授知识；学生是知识的接受者，其任务是被动地接受教师提供的信息刺激，即理解和接受教师的知识传授。

　　人本主义理论的基本观点主要是：（1）在目标上，强调个性与创造性发展；（2）在内容上，强调直接经验；（3）在方法上，主张自主中心、自我选择和自我发现。人本主义强调个体自主的发展自身在认知和情感方面的潜能，教师的教学目的是教学生如何"自我实现"。只有这样，才能实现学生学习的独立性、自主性、能动性、创造性，达到真正意义上的学习。这种理论使学生处于中心地位。学生的主动性、积极性都得到了充分发挥，学生的独立个性、创新意识和创新能力也都得到了培养。但这种学习过于散漫，不利于系统科学知识的获得，使创新思维与能力的充分发展受到一定程度的限制。

五、建构主义基础

建构主义理论认为，对于客观世界的理解是由每个人自己决定的，学习是学习者主动地建构内部心理表征的过程。人们对信息的理解是通过运用已有的经验，超越所提供的信息建构而成的。[①]而且记忆系统中的提取信息本身，也要按具体情况进行建构。建构既是对信息意义的建构，又包含着对原有经验的改造和重组。另外，学习者虽然是以自己的方式建构对事物的理解的，但是通过学习者之间的合作，可以使理解更加丰富和全面。在这一基本观点的基础上，建构主义者提出了随机进入、支架式、情景式等自主学习策略，为现代教育提出了许多创建性的教育教学思想。

在以建构主义理论为基础的教育教学中，学生不是教学刺激的被动接受者和知识灌输对象，而是学习活动的积极参与者和信息加工的主体，是知识的主动建构者，居于不可动摇的主体地位。学生面对复杂的真实或近似真实的问题情境，会主动地搜集和分析有关的信息资料，在对所学的问题提出各种假设并在努力验证这些假设的过程中，将当前的学习内容与自己已有的知识内容联系起来，并针对这种联系进行认真思考，即主动用探索法和发现法去建构知识的意义。这样，教师由知识的传授者、灌输者转变为学生主动建构的帮助者、促进者。在教学过程中，教师起主导作用，学生的主体地位也能得到很好的体现，因此，这一理论比较科学，能培养学生自主学习的意识和能力。

第三节 创新教育的内在机制

教育作为一种实践活动，具有社会历史性，在不同的历史时期具有不同

---

① 张晓青. 唤醒教育 [M]. 北京：中国商务出版社，2020：118.

的特点。教育作为文化的重要内容，是由一定的政治、经济决定的，它必须随着社会政治、经济的发展而发展。创新教育是我国广大教育工作者面临的新的历史课题，是 21 世纪教育的主旋律，它将把我国教育事业推向一个崭新的发展阶段。为了使我国的创新教育健康、稳定发展，达到预期的目的，我们应以辩证唯物主义为指导，进行认真的哲学思考。

一、抓住本质，明确方向

创新教育同其他事物一样，是现象和本质的统一体。创新教育的本质是通过新教材、新的教学方法、新的评价机制、新的考试制度等现象表现出来。我们要通过这些纷繁芜杂的现象，认识、把握住创新教育是根据社会主义现代化发展对人的素质的新要求，有目的地培养教育对象的创新意识、创新能力、创新人格的教育。归根到底，它是全面、充分地开发人的潜能，培养创新型人才的教育。只有抓住创新教育这一本质，才能明确工作方向，才能学到创新教育先进典型的根本，才能正确制订创新教育的计划、措施，使创新教育沿着正确的方向健康发展。

二、运用联系的、发展的观点，正确认识和处理基础知识与创新能力的关系

世界上任何事物都处于相互联系之中，孤立的事物是不存在的。事物之间的相互联系是事物存在和发展的基本条件。培养学生的创新能力，必须以基础知识、基本技能为基础，切不可忽视基础知识、基本技能的教学，去建造创新教育的空中楼阁、海市蜃楼。

事物是变化发展的。人类最根本的任务就是将知识、技能应用于创造性活动，去探求未知的东西，去创造新世界，将社会不断推向前进，以获得更好的生存、发展环境。因此，人不能只是原有知识的继承者，成为知识的容器，而应是知识的发现者、创造者，是知识的发酵器。

由此可见，按照唯物辩证法联系的、发展的观点，我们在认识上要明确基础知识、基本技能教学是培养创新能力的基础，培养创新能力是基础知识、基本技能教学的目的和归宿；在教学实践中要从抓好基础知识、基本技能着手，从培养创新能力着眼。要加强基础知识、基本技能的教学，以基础知识、基本技能为根基；同时，要在将知识转化为能力上下狠功夫，实现培养创新能力的目标。这样，将二者相互渗透、相互融合，有机结合，才能使二者相

互促进、相得益彰。

三、坚持以矛盾普遍性与特殊性的辩证关系原理为指导，正确处理好创新教育的共同要求与具体运作的关系

创新教育的"新"主要新在教育观念、教育指导思想、教育目标上。它要求教育者对教育对象重在创新意识、创造能力、创新人格的培养，以全面、充分开发学生的潜能、培养创新型人才为目标。这是创新教育最本质的东西，也是对每个教育工作者的共同要求。这一指导思想必须贯穿于教育工作的各个方面、各个环节、各个阶段，这是矛盾的普遍性。要发挥主观能动性，把握创新教育的主动权，就必须要以各自的客观实际情况为根本出发点，寻求创新教育的切实有效措施，开拓创新教育的方式，创造性地走出各具特色的创新教育路子。

四、坚持以量变与质变的辩证关系原理为指导，使创新教育循序渐进、持续、稳定发展

创新教育之所以成为历史的必然，是因为当今时代是知识爆炸的时代，是新知识急剧增长的时代。如果教育者只"授人以鱼"，使受教育者成为知识的继承者，成为知识的接收器、储存器，成为经验型人才，这是远远不能适应现代知识经济发展的客观要求的。只有"授人以渔"，使受教育者具有创新意识、创新能力、创新人格，成为知识的发现者、创造者，成为创造型人才，才能掌握知识经济的主动权，在激烈的竞争中游刃有余、稳操胜券。

创新教育与应试教育有本质区别。当前特别是中学的教育工作者，还要面临中考、高考的客观现实及种种障碍和困难，所以，实现由应试教育向创新教育的转变是一个艰苦曲折的、漫长的过程。它要经历一个由量变到质变及质变之中有量的扩张的过程。如教学大纲、课程设置、教材内容、考试制度、评价机制的改革和完善过程；教师由应试型教师向创新型教师逐渐转变的过程；教师的创新教育经验的逐渐探索、积累过程；学生的学习观念及学习方法的逐渐转变、适应过程等。可见，创新教育是一个庞大的系统工程，是一项任重而道远、光荣而艰巨的工作。我们只有积极进行量的积累，通过长期的艰苦努力，战胜前进中的曲折，在曲折中不断前进，才能逐渐实现这一历史性转变。

五、重视意识的作用，使创新教育沿着正确的方向健康发展

在创新教育中，要重视发挥正确意识的积极作用，以科学理论为指导，使创新教育沿着正确的方向健康发展。

第一，教师在教育中的重要地位。所以，要使创新教育沿着正确的方向健康发展，首先教师要充分发挥主观能动性，不断开拓进取，勇于克服创新教育中存在的种种困难，把创新教育不断向前推进。

创新教育对于我们每个人都是一个全新的课题，在创新教育中必然存在种种困难和挑战。教师要适应创新教育的要求，必须付出艰辛的努力；教师在传统教育中是"行家里手"，而在创新教育中是"新手"，要使自己实现由应试型教师向创新型教师转变，需要经历一个长期的艰苦努力过程；教师在创新教育的诸多条件还不具备的条件下，要创造条件，推进创新教育，必须付出艰辛努力。

第二，我们的创新教育实践要坚持以科学理论为指导。在创新教育中，我们必须坚持以辩证唯物主义为指导，将普遍性的科学理论与具体的创新教育实践有机结合起来，将他人的成功经验与自己的具体实践有机结合起来，使科学理论与我们的创新教育实践实现具体的历史的统一。这样才能增强预见性、避免盲目性，少走弯路、少"交学费"，降低创新教育的"成本"，加速应试教育向创新教育转变的步伐。

第三，在创新教育过程中，要注意对受教育者进行创新人格的培养。所谓创新人格，即创新的责任感、使命感，对创新的挚爱，能经受挫折的心态、坚韧不拔的性格等。一个人只有具有了创新人格，才能有意识、有目的地培养自己的创新思维和创新能力。所以，创新人格教育是创新型人才成长的先导，是创新教育的起点，必须对受教育者进行创新人格的培养。

第二章 创新教育的运行模式

高校创新教育应是多维并举、模式不一的，这与高校创新教育的基础、高校组织行为模式以及战略发展定位，甚至高校主要决策管理者息息相关。地方高校创新教育的运行模式应从高校创新教育的运行模式的内涵特征与利分析出发，合理把握当下和未来高校创新教育的理性运行，为地方高校进行创新教育的模式抉择提供理论依据和实践方案。

第一节 政府主导型创新教育的运行模式

大学生创新能力的培养，离不开政府层面的推动。政府作为公共政策的制定者、公共产品的供给者，在创新教育中具有不可替代的作用。从世界范围来看，创新教育较为成型且卓越的国家往往是政府承担了重要的角色，发挥了其他主体难以发挥的重要作用。近年来，随着经济社会发展形态的重大转变，我国各级政府也相继出台创新政策，在政府行政层面上积极推动创新教育的大发展、大繁荣，形成了政府主导型的创新教育模式。

一、政府主导型创新教育模式的内涵

创新教育作为一种人才培养的战略行为，具有全局性和战略性意义。在这一过程中注定离不开政府的有效引导和积极培育。而且，从我国高校创新教育的实施情况来看，政府主导型的创新教育模式在很大程度上发挥了不容忽视的作用，也成为我国高校创新教育的重要参照。

政府主导型创新教育是指高校在实施创新创新教育中高度响应国家和地

方政府推行的创新政策，在运行参与主体、具体实施过程等方面都具有较强的政府参与因素。具体而言，从参与主体来看，政府主导型的创新教育模式是高校和政府同时参与、共同实施的，具有双主体特征；从实施过程来看，高校作为政策的响应者和支持者，在既定的政府意图内所进行的创新教育实践具有限定性、政策呼应型特征；从互动关系来看，政府主导型模式中高校与政府之间互动频繁，信息、物质、资源等的交流呈现出密集状态，政府对高校的创新教育具有极高的涉入度，高校也普遍依赖来自政府层面的指导与推动。

二、政府主导型创新教育的意义探析

（一）有利于构建创新教育的良性制度生态

创新就是要鼓励创新，宽容失败，秉承理性、宽容的创新教育评价文化。如果没有容错机制，创新就很难长久。比如要建立科学有效的评价"双创"质量衡量机制、激励机制和容错机制。如很多情况下，有的创新项目短时间内难以见到成效，而即使没有创造经济效益，其创新理念、创新能力和创新模式也是值得肯定的，也不能轻易地否定[①]。再比如，一些年轻创新者在一段时间内一门心思地想做好某个项目，自然而然地就会忽略其他方面的很多问题，甚至会出现一些意外的情况，这时就需要合理容错机制来纠正。因此，创新教育的成功实施必须有一种宽松和宽容的创新文化，允许创新者在创新过程中有失败，使创新者能够放开手脚来创新，激励他们在不断地克服困难、克服失败中走向成功。

（二）有利于实现创新教育的推进与普及

政府主导型的创新教育能够强化政府的引导功能，通过政府发挥公共政策的供给，实现创新教育的高效率、强控制的引导。政府应更加重视与高校的合作，采取多种措施，引导大学生走上创新之路，帮助大学生成为创新人才。一是和高校共建与市场经济相适应的创新培训和支持系统，为有创新潜力的大学生建立起社会化的创新教育网络，包括创新培训、服务、扶持平台，弥补高校教育力量和资金的不足；二是优化大学生创新相关政策与外部环境，在工商注册、资金扶持、税收减免、办公用房、贷款减免利息等方面给予优惠条件。

① 刘恩允. 治理理论视阈下的我国大学院系治理研究 [M]. 北京：中国社会科学出版社，2017：213.

（三）有利于强化创新教育的资金扶持政策

创新教育需要相当高的教育成本，单纯依凭非政府的力量很难有足够的勇气和魄力进行大规模的资金投入。因为从企业来看，创新教育的收益是长期的，短期内缺乏足够的回报预期，而且还会有较高的风险。高校显然没有足够的资金倾力投入创新教育。因此，作为政府而言，亟需提供资金扶持，强化创新教育的资金保障。此外，作为政府主导型的创新教育模式而言，此模式还可以通过政策性手段打通资金获取与使用的政策性障碍。

（四）有利于强化创新教育的质量保障

创新教育是一项在较短时间内在各类高校中得到普遍开展的教育活动，紧缺的师资、有限的实践机会与较少的历史经验都将影响我国高校尤其是地方高校创新教育质量。同时，基础与条件不同的高校在所提供的创新教育课程与教学活动质量上，将会有极大的差别。

出于守住高校创新教育质量底线的需要，也出于保护接受创新教育大学生的权益，对各类高校的创新教育进行政府或者第三方的质量评估与保证将不可避免地成为政府主管部门面临的重要课题。与当前的本科教学质量评估、研究生教学质量评估等全国性的质量评估一样，对大学生的创新教育进行的质量保证与评估将成为首要解决的关键问题。政府主导型的高校创新教育模式有利于统一管理和评估，让高校创新教育在质量保障上有较强的底线意识，同时政府依托质量评估等行政化手段实现对创新教育的质量把控。

三、政府主导型创新教育的优化

其一，明确政府在创新教育中的职责，厘定政府行为边界，既防止无为，也要避免乱为。其二，要进一步转变政府角色认知和行为模式，强化政府在创新教育中的服务型角色认知。其三，强化立法规范建设。一方面，完善的法律法规政策能够为高校学生提供有力的法律保证；另一方面，通过出台相关规定，简化相应的流程手续，方便学生在有限的时间内开展创新活动，制定相应的减免税政策能够降低创新的成本，保证更多的学生参与。其四，通过政策性手段鼓励社会多元主体参与到创新教育中，形成多元共建、多方参与的创新教育格局，同时还要有激励机制和容错机制[①]。

① 刘恩允．治理理论视阈下的我国大学院系治理研究［M］．北京：中国社会科学出版社，2017：36.

第二节 高校主导型创新教育的运行模式

一、高校主导型创新教育模式的内涵

高校主导型创新教育模式是指高校在创新教育方面最大化地发挥其在创新型人才培养、创新实践等各个方面的职能职责，并且从高校组织层面上积极变革，在学校发展的顶层设计上谋划创新教育，以创新为重心实现高校教学、科研和社会服务的全方位转型。

目前高校创新教育模式基本有三种模式。第一，与传统教学融合的高校主体运作型，即高校通过教学改革，开设创新类课程，培养学生的创新精神；第二，基于情景模拟的技能训练型，包括校内实训场所的模拟创业、"挑战杯"等各级创新创业大赛、企业仿真技能实训等；第三，基于微型企业创新的实战训练型。具体而言，高校和政府有着各自明确的分工，一方面，高校提供创新场地等必要的物质保障；另一方面，政府为相关创新主体提供必要的资金支持和政策保障。

二、高校主导型创新教育的现实依据

（一）高校培养创新型人才培养的使命

创新教育的落脚点是对人的创新精神和创新素养的培养，是高等教育人才培养的重大理念变革。高校作为以人才培养为根本使命的社会组织，需要依托创新教育这一模式深化教育教学改革，促进高等教育发展，切实提升人才培养质量。高校创新教育不仅是经济社会发展对高校的迫切要求，而且是高等教育自身改革与发展的迫切要求。在坚持"立德树人"的导向下，通过科学修订人才培养方案，进一步明确创新教育的目标要求，夯实创新教育的课程体系建设。具体而言，高校要重点强化在课程教学、实践活动、第二课堂、线上线下等方面的系统化设计。在将创新元素切实植入本科人才培养计划和相关课程教学大纲的同时，深入挖掘和充实各类课程所蕴含的丰富创新元素。高校主导下的创新教育让高校从新的出发点来忖量提高人才培养质量的重大命题，在创新教育下得以克服对学生综合素质和能力、学生的就业创业竞争力等人才培养难题。另外，从人才培养目标来看，创新教育能够确保高校较好地实现"厚基础、宽口径、高素质、重创新、强能力"的通用人才培养目标。

（二）高校在创新体系中的重要战略地位

创新驱动发展战略对我国高校提出了新的要求，作为培育经济社会发展的专门人才的高校，如何跟上新形势、实现新目标，培育符合国家创新需要的创新型人才，是一个重要而又紧迫的时代命题。知识性社会的日趋深入发展，社会对人才的需求发生了根本性变化，高校亟需将所具有的学术资本转化为现实生产力，促进经济社会更好更快发展。这就要求高校必须通过实施创新教育加快培养创新型人才，切实实现高校作为经济社会发展"动力站"的作用。就大学生群体而言，理应在国家振兴和经济发展中担当重任，通过利用自身的学科专业优势，把所学的科学知识转化为现实科技成果。

（三）高校得天独厚的教育资源优势

高校被视为创新的引领者，而创新又是引领发展的第一动力，也是创新教育的核心价值导向。高校承担着培育国家拔尖创新人才的重大使命，这是我国高等教育发展必须承担的国家使命和时代重任。高校应切实提高创新教育的认识高度，整合校内外各类双创的资源力量，完善创新教育的体制机制，不断探索创新教育模式。

三、高校主导型创新教育模式的特征

（一）创新教育充分依托学科资源优势

高校具有得天独厚的学科资源，多学科的优势能够让高校在实施创新教育的过程中充分发挥学科的集聚和协同作用，打破学科界限，充分利用高校学科专业资源进行创新教育的充分对接。高校中的学科组织能够在创新和创业的目标驱动下，形成自主自愿的结合与协同，在竞争中协同、在协同中竞争，真正激发创造性，释放和激发学术活力，形成协同创新的长效机制。

（二）以教学模式改革为创新教育的重要抓手

创新型高校研究有助于构建创新教育的优质平台。基于创新型高校的创新教育平台扩展到整个大学体系中；创新型大学体系将高校置于市场主体的地位，让创新教育得以在更为宏观的市场背景下展开，在这一背景下，企业、政府和高校都成为创新教育的重要平台，拓展了创新教育体系运作的资源基础和广度；创新型高校体系彰显了创新精神、创新素质和创新能力。

（三）注重创新教育与专业教育的有机融合

高校创新教育既独立成体系，又贯穿在专业教学体系中，与专业教育紧密结合，互为补充。创新教育的本质要求就是要以学生创新精神、创新意识与创新能力培养为根本旨归。高校实施创新教育，需始终关注如何将专业教育中涉及本学科专业领域的前沿知识同创新的培养相嫁接，让学生及时了解能够反映本学科专业的前沿信息。同时，还要进行专业教育的延伸，让学生及时掌握反映与学科专业密切相关的行业、产业发展现状和最迫切的创新需求，让学生的专业学习因高校创新教育而更具有实效。建立在通识教育基础上的专业教育，是创新教育理论与实践的基础，即专业教育的基础知识与基本理论是学生创新精神、创新意识与创新能力生成的深层根基。强调创新教育与专业教育的充分融合，以创新作为重要因子，融入专业教育之中。创新教育与专业教育的有机结合不能忽略人才培养方案这一重要抓手。作为大学生专业学习的总纲领，人才培养方案凝聚着高校的教育思想和人才培养的目标，承担着专业培养的重要职能。因此，人才培养方案的建设也是从源头上把握创新教育发展脉络的重要保障。

（四）实现创新教育与人才培养高度统一

人的全面发展是国家现代化进程的重要组成部分，人力资本的提升能够为国家经济社会的发展提供坚实的智力支撑。创新教育具有浓厚的全人教育的色彩，其核心始终离不开培养大学生创新精神和创新能力的关照。高校唯有不断更新教育理念，着力于人才培养模式改革，推动教育教学内容和方法的变革，实现人才培养、科学研究、社会服务的一体化思维。才能在这个过程中，高校创新教育需要实现从注重知识向更加重视能力和素质的转变，这也是高校提高人才培养质量的必由之路。高校通过创新教育，增强大学生的社会责任感、理想信念和服务意识，在国家现代化征程中创事立业，将勇于探索的创新精神转化为解决问题的实践能力。因此，高校大力推进创新教育，无论对于经济社会发展还是对于高等教育发展，或者人的全面发展，都具有重大且深远的意义。

总之，创新教育需要重新审视知识在教育中的地位和价值，如何卓有成效地面对多元创新需求，在推进创新教育中敏锐把握知识生产模式的转化，在产业需求、人才培养、科学研究、学科发展所形成的矩阵结构中找到自身最佳支撑点和平衡点。具体而言，一方面，高校要依托国家和区域产业发展需求，有针对性地培养学生的创新意识；另一方面，要着力推进创新教育体系建设，推动教育教学由"知识传授型"为主向"知识创新型"为主转变，实行课堂教学与创新实践训练的无缝对接，在应对和满足外部需求中提升学生的创新精神和创新能力。

四、高校主导型创新教育模式的优化

（一）高校主导型创新教育模式的现实问题

一是创新与创业缺乏高效统筹。高校主导型的创新教育极易走向对创新的追捧或对创业的偏执之中。一方面，有的高校在实施创新教育中走向了创新端，让创新教育变得虚无化。从创新和创业的关系来看，创新是创业的前提、创业是创新的体现。另一方面，有的高校创新教育走向了创业端，窄化了创新教育的应有之意。有学者提出，创新教育的价值不是"企业家速成教育"，使在校的学生成为大大小小的老板；创新教育的成果也不是大大小小的"学生创业公司"，而是要为学生注入创新的基因，埋下创新创业的种子。

二是创新教育同专业教育的割裂。高校主导型的创新教育应努力规避的问题是将创新教育窄化为创新教育、创业教育。高校主导型的创新教育要有机结合创新、创业和教育的三个要素，防止三要素的割裂和走向单一化。在创新教育过程中，成果评价也存在一定的争议，大学生科技作品作为一些学校对创新教育成果的表现形式，也不尽全面。"学科课程"的主导模式，没有或较少采用"活动课程"适用于创新教育经验和行动。教师按照书本、课堂和讲授的方式，注重知识传授，较少采用情境教学的方式。学生缺乏自主性，只知道是什么，但不知道为什么，如在变化较多的创业实际中，起初的应变能力不高。课内外、校内外、社区和产业界之间的相互联系有待提高。由于创新教育的成果多为隐性化且具有延时性，也给教育评价增添了难度。从国内高校创新教育的课程实施情况来看，即使在已经开办创业教育课程的一些国内高水平大学中，其创新教育课程也不规范，缺乏系统的教育规划，导致学生创业能力不足、创新意识匮乏，创业观念的培育也存在着很大缺陷。虽然学校的创新教育已经从竞赛、学生社团和实践活动，升级到有固定的场所活动，不断优化管理和教学组织，但仍属于创新教育的初级阶段，尚无整合的创新教育系列课程，只有引导性课程和学生自主的项目。

三是创新教育师资力量整体薄弱。开展创新教育，教师是关键。高校创新教育是一个系统性工程，从专业的创新教育教师到科学的创新教育体系，再到先进的教学内容，都是创新教育体系中必不可少的。由于创新教育在我国高校的发展尚未达到非常成熟的状态，我国高校无论是对创新教育的理念认知，还是高校创新教育中的师资队伍建设、课程资源建设等实践层面都还需要不断地探索。如从专职教师群体看，经过创新教育培训的兼职教师基本都是经管学部内教学经验丰富的教师，尚未有经过系统和深入学习的创新类专业的教师，并且有创新经验的教师较少。学校也在大力引进此方面的人才，但国内创新教育的师资数量和质量相对匮乏。

四是创新教育的资金相对缺乏。高校创新教育需要一定的资金保障和项目支撑，而这也恰恰是国内高校开展创新教育过程中的一大障碍性因素。虽然近年来我国政府和高校对创新教育的支持力度有了大幅增加，但不可否认的是还有很多不足之处。比如高校在进行创新教育实践性课程的开展方面往往面临着较大的资金缺口，这使得高校的创新教育难以构建完整的创新体系。加之观念的滞后，在实施过程中往往将大部分的资金用于支持学生创新活动的开展，从而摊薄了对基础教育设施的资金投入，继而导致大学生创新热情有所削减，使得高校的创新教育的开展受阻。

（二）高校主导型创新教育模式的优化

1. 健全高校创新教育的体系，防止过度的"平台建设型"思维

必须从现有的高等教育体系入手培养学生的创新能力，但首先要经过相应的改革与调整。改革要通过两种途径：一是整改、完善现有的大学课程；二是自上而下系统地调整校园文化、创新环境及思考问题的固有模式。具体而言，深化创新教育，最重要的就是要坚持问题导向。当前，我国大学生创新教育重点是要健全创新教学体系、创新实践体系、创新训练体系、创新指导体系。此外，要注重加强创新教育过程中的体验，学校要鼓励在校生积极参加课外实习，搭建校企合作平台，为学生实习提供更多机会。在学校内部可以积极建立创客空间，让学生可以通过多种途径积累工作经验。

2. 全方位加强符合双创要求的师资队伍建设

高校创新教育师资队伍是高校创新教育发展的重要动力，作为高校创新教育的一线教师，其自身的专业素养对创新教育的开展有很大影响。高校必须加大对创新教育师资队伍建设投资。具体而言，首先要做大做强校内教师队伍。注重发挥学术带头人的作用，强化创新教育学术带头人的培养，确保高校创新教育的理论引领和实践提升，为高校创新教育科学深入地开展提供

基本保障；其次是提升高校实验教学队伍建设。重视高水平实验教学在引领学生创新性思考方面的独特作用，通过出台专门政策鼓励高水平教师参与到实验教学和学生创新实践中来；再次是加强兼职师资队伍建设。通过灵活的师资聘用机制盘活整合一批具有丰富经验的校外师资，尤其是注重聘任与学科专业发展息息相关的行业优秀师资。深入挖掘学校优秀的校友资源，聘为创新导师、科技产业孵化方面的导师等；最后，高校要善于打通校内和校外的藩篱，将校内外教师资源进行有机结合，确保学生创新教育具有充沛的优秀师资。

3. 重视中心的多元创新教育合作

高校创新教育合作的多元化发展可以从以下诸多方面发力：一是持续拓展高校众创空间。注重打造能够与本土经济社会发展和产业规划相契合的中冲平台，使高校创新教育与地方经济发展高度融通；二是凝聚高校自身双创平台的优势，将高校的学科发展特色和优势集中到众创空间的打造之中，积极探索依托高校创新平台的特点以及优势，开展适合高校自身特色的创新教育；三是高校众创空间要重视横向联合，充分发挥地方创新企业、本土科研机构等多方社会力量，以合作共赢的理念搭建起互惠互益的创新教育平台。高校众创空间在明确优势和特点，清楚不足与短板的基础上实现共同发展。此外，高校还可以创新思维方式，如高校在实施创新教育中应释放理事会在创新教育中的作用，加强地方政府与高校共建的创新型大学等。

4. 持续培育校园创新教育文化

在创新和创业文化氛围营造方面，高校还有很多工作需要做。其一，地方高校要注重培育"尚新求变"的创新精神。从制度文化建设方面，在高校运行的方方面面创设鼓励创新、尊重差异、勇于求新等制度生态。在行为文化建设方面，在关涉人才培养成效的各个环节培养学生创新精神与创新能力，并激发教师和学生的创新活力和创新激情，广泛组织创新教育和实践活动。比如，大学可以依托学校特色，精心组织竞赛、展览、沙龙、社团等各种形式的创新活动，邀请创新型企业的管理者参与学校举办的各级各类活动，通过活动的设计营造高校浓郁的创新氛围；其二，地方高校要注重培育"经世致用"的创新文化。[①]地方高校要在专业设置、培养方式等多方面有意识地聚焦学生创新能力的培养，如在专业设置上打破传统的院系藩篱，打破因专业界限带来的区隔，以此激发学生个体内在的创新精神和创新特质，真正实现

---

① 李喆. 地方高校建设创新创业型大学的路径探索 [J]. 临沂大学学报，2018（4）：1-6.

不顾及现有资源限制追逐机会的精神。

除此之外，地方高校应强化内部成员对于创新价值认知的一致性，通过一系列内隐方式宣传创新态度，达到师生群体对于创新的高度认可，最终将创新内化为师生共同体的价值共识和行为自觉。

第三节　市场主导型创新教育的运行模式

一、市场主导型创新教育的内涵

高校的创新教育始终摆脱不了对创新与创业两大核心要素的衡量。就要素特征而言，其中一种创新教育模式是高校作为创新教育的主体在实施过程中更多地面向市场和社会，强调创业驱动所带来的教育实效，而创新作为一种后置要素，被默认为是对创业的必然响应。因此，此种偏重创业特征和市场导向的模式往往因此种鲜明特征被视为市场主导型的创新教育。

在提升高校创新教育质量方面，可以预见的趋势是未来高校创新教育将会更多地与企业和产业界进行紧密联合。有效的高校创新教育是与企业紧密联系的。毕竟创新教育是产学合作的一种教育方式，需要借助高校的教学力量与授课培训经验；同时也需要高校掌握企业领域生产的现状与趋势，甚至是与工商领域等有关的更广泛的内容。

（一）实施以市场为主要导向的创新与创业策略

该模式意味着学校需要充分依托学校自身的学科专业优势、办学品牌特点、产学研合作基础以及学校自身雄厚的人力资本，乃至独特的学术资本，在实施人才培养的同时更加兼顾市场型的创业行为。该模式下的专业教师往往具有多重身份，如企业创立者、管理者，学生亦可以走出课堂、走出校园、走向实践，如在企业中进行实习，参与企业的运作等。

（二）偏重创业实践

市场主导型创新教育模式具有鲜明的实践型特征，更加注重在实践中培育创业素养，注重在实践中汲取最鲜活的素材和最优的实践资源，尤其强调通过创新性力量所形成的创业型成效。该模式更加主张创业实践是创新素质形成、发展和提高的现实条件，是使创新能力和创业能力外显的中介与媒体，是发展学生开创型个性、培养团队精神、激发创业热情、开发和释放各种潜能、实现创业教育目标的重要方式和手段。

市场主导型创新教育模式更加强调高校在实施创业教育的过程中，走校企联合的模式，在企业建立学生创业实践基地，企业也可以利用自身的优势创办经济实体，为学生提供创业实战演习场所。另外，企业根据学校学科和专业设置情况，制订周密的创新培养计划，鼓励学生在不影响学习的情况下利用业余时间创立一些投资少、见效快、风险小的企业，体会创业的艰辛与乐趣，潜移默化地培养他们的创业意识。如通过在大学生群体中广泛开展科研竞赛、创业交流、创业讲座等各种形式的创业教育活动，激发学生的创业激情；通过请进来的方式，定期邀请各个领域中的创业典型进行创业经验的分享，深挖创业典型背后的力量和教育资源，为学生创新提供有益借鉴。探索契合于创新的新兴教学模式，如通过"3+1"的修业方式让学生在前三年完成课程学习，最后一年以准创业者的身份参与到项目培育之中，或者深入企业一线接受锻炼，必要时再返校学习，建立"开放式"课堂教学模式。

二、市场主导型创新教育的优势

（一）加快创新项目转化

创新孵化功能是社会上许多创新平台在发展过程中最重视的功能之一，如果高校的众创空间具备了这一功能，就能实现创新平台上的项目真正融入社会经济的发展，带来实质性的经济效益。高校的众创空间建设应在功能上予以明晰，即发挥平台作用，致力于以科学合理的方式为创新项目注入社会资源。必要的情况下，高校众创空间应设立专门的创新基金，同时为众创空间平台上的创新项目提供必要的服务，这样才能提高创新孵化的成功率，让众创空间为社会经济发展作出贡献。

（二）强化创新教育资金保障

市场主导型创新教育能够确保资金来源的多样化，拓展资金渠道的广泛性。完善的风险资本市场、成功的企业家和公共资金将在创新教育中获得高校捐助者的支持。高校和企业紧密结合，企业的支持和帮助力度大，企业家与学校的关系密切。

（三）有效对接市场需求，提升创新的经济效益

市场主导型创新教育更加注重规避高校在技术创新转化方面的短板，积极通过面向市场寻求企业合作，依托企业对市场的敏锐嗅觉来捕捉更符合市场需求的知识创新项目，从而获得更大的市场收益。

三、市场主导型创新教育模式的优化

需要清醒地认识到，创新教育是全员参与、全面覆盖和全程贯穿整个教育过程的一种素质教育。一方面，创新教育以学生创新精神、创新意识与创新能力培养为核心，并以受教育者的首创与冒险精神、创新能力和独立工作能力等提升为教育指向，从而使素质教育的时代目标更加具体、更加升华、更加与时俱进；另一方面，以学生创新精神和实践能力培养为重点，强调富有创新性和实操性的创新教育，强调创新教育与素质教育充分融合，强调把创新作为重要元素融入素质教育，这充分表明创新教育在推进素质教育中的战略性作用。创新教育的非功利性战略目标，是使受教育者具有创新意识、创新个性心理品质和创新能力，以适应社会的发展和变革。

四、市场主导型创新教育的现实实践

目前，高校创新教育是存在多种不同价值取向的创新教育，如有的是以单纯地寻求对市场需求和社会直接需要为目的的创新教育，着力于培育企业家或创新成功者；有的是基于人才培养为目标的素质教育，具有长远化的战略性考虑，将人才培养紧密融合于创新教育之中，重视教育导向下的创新；有的是以政府行政推动为主导，进行自上而下的被动化推进；有的则是整合政府、产业、企业和高校等多方力量开展创新教育，等等。

基于微型企业创新的实战训练，高校为学生提供微型企业创新的办公场所、水电气等基础设施，政府为微型企业提供资金支持和优惠政策。构建自主性的研究一产业孵化平台，与优势企业强强联手，把握其市场主动性。强调此类大学创新活动的自主性并不是否认在其创新过程中市场合作的重要性。在合作过程中，通过构建研究产业一体化的孵化平台，在政府支持下，寻求相关行业领域的优秀合作者，从而共同搭建发展平台。需要强调的是，在合作平台构建过程中，高校及其相关机构与企业、政府之间的关系应该进行明确的界定，要在法制化、双赢化的框架内开展创新教育。

第四节 多元治理型创新教育的运行模式

一、多元治理型创新教育的内涵分析

"治理"一词来源于经济领域。随着治理理论和实践从企业向非营利性部门和公共机构领域的深入发展,治理逐渐成为一个席卷全球政府改革、公共组织变革、私人部门管理等领域的热点问题。多元治理型创新教育模式基本可以理解为高校在实施创新教育中以治理为行为规约,通过高校、政府、产业等多方力量有效参与,实现高校在创新教育中的多元价值追求。

多元治理型创新教育模式大致可以从三个方面进行有效解读:第一,确立了市场(产业)在该模式中的应然地位,能够切实按照使市场在资源配置中起决定性作用的要求,进一步释放政府对高等教育的管理权力,加大政府对高校的直接"分权";第二,该模式旨在有效突破高校对政府的依赖、依附的基础上,重构高校与产业、政府的关系,形成官产学研紧密结合的伙伴关系发展格局,使高校创新型发展得到政府、产(企)业的大力支持,从而形成良好的发展外围;第三,"拆除了大学校园的围墙",搭建若干"三螺旋"平台,如大学科技园、企业孵化器等,使高校创新型发展有适宜可靠的载体。另外,还需要社会形成支持高校创新型发展的舆论氛围和社会环境。该模式通过多方主体的(有力均衡)达到彼此目标诉求的相对满足,有效缓解高校为创新而创新的压力。

二、多元治理型创新教育模式的特征

(一)具有鲜明的开放性特征

多元治理能够确保创新教育的所需资源在开放性的系统之中得以整合。创新教育需要高校走进社会中心,走向开放状态,并与其他社会主体密切开展合作。坚持以学校为主体,通过市场化机制、专业化服务、资本化途径构建低成本、便利化、全要素、开放式的学生创新服务平台。

（二）具有强烈的实践性特征

创新教育不仅是知识的传授和教学内容的更新，而且是学习者通过情境性学习和实践活动提高综合素质和能力。创新能力培养是高校创新教育的中心环节，也是创新成功的重要因素。从专业的创新知识，到创新性思考、独立判断、团队合作，乃至持续学习思考等能力，都需要在具体的创新实践活动中得以提升。

（三）具有显著的社会性特征

高校创新教育的实施需要借助外力，大力依托具有成功创新经历的实业家、高级管理人才、风险投资家等业界人士，来弥补师资短板问题。此外，创新教育需要科技孵化、资金运作等条件支撑，而这些已远非高校本身所能实能力"为基本价值导向的全面教育理念。在这一理念指导下，创新教育的实践也呈现出非同寻常的特征，如注重学生的实践性探索，注重实践性课程的开设，真正将"创新创业视为一种行为上的创新，而不是停留在观念与思维上，创业是创新的行动化和体现形式"。[①]

三、善治视角下多元治理的理想模式建构

作为一项系统工程，创新教育需要高校、政府和社会等多方力量的共同参与。高校创新教育应秉承协同式思维，把高校创新教育同经济社会发展以及区域、国家创新发展战略紧密融合在一起，充分发挥大学在经济社会发展中服务支撑和引领作用。

创新教育是提高大学生社会适应和持续发展能力的必由之路，需要高校与社会协同创建互惠互利、资源共享、优势互补的机制，共同营造有利于创新人才培养的良好环境。创新教育需要教育工作者进一步转变教育观念，不断加强教学内容和教学方法的改革，实现课程内在的融通及立体化教学，将创新教育与专业教育深度融合，强化创新的实践训练，为大学生提供优良的创新发展空间，推进学生知识、能力和素质全面协调发展。

（一）依托高校创新园区

依托高校创新园区，为创新教育的多元治理模式提供了极大的便利和现实基础。创新园的建立、管理和运营是一项系统性工程，包括项目计划的制订、政策咨询的采纳、信息提供的渠道、风险投资和风险控制等诸多方面。这意

① 刘伟．高校创新教育人才培养体系构建的思考 [J]．教育科学，2011（5）：64-67.

味着这些工作的展开和完成需要创新园的管理者们拥有完备的知识储备、丰富的市场运营经验，富有创新精神和创新能力，此外，还需要有一个完善的内部工作机制。

（二）明晰多元主体责任

明晰多元主体责任，构建政府、高校、企业良性互动开放式发展的创新治理机制。多元治理模式下的创新教育应实现"三位一体"的治理格局。所谓"三位一体"，即政府、高校、企业组成高校创新教育策划、实施、检验的共同体，通过创新集中管理，统筹校内外资源，建立起政府—高校—企业良性互动的创新教育治理机制，从而有效地开发和整合社会各类创新资源，可以极大地促进创新教育的发展。政府从政策制定、决策建议、平台搭建等方面，扮演创新教育的监督者和推动者角色。企业作为市场经济主体，掌握前沿的实践经验和市场信息，是高校创新教育的引导者和接受者。高校是创新教育的主战场，是创新教育的核心和主角，应从师资配置、院系调整、部门职责、意识培养等方面着手。

（三）细化课程分类

细化课程分类，形成功能多元、结构优化的创新教育课程体系。多元治理模式下的创新教育课程体系呈现出更加多元繁杂的样态，课程体系更加多元，涵盖的类型更加全面。

多元治理模式强调创新教育中的多方力量的参与与有效补充，能够灵活采用"走出去"和"引进来"相结合的模式，在选派部分教师参与创新实践、提高创新的实践水平的同时，灵活吸纳社会中的优质师资资源，通过多种形式的联合形成高校、政府、社会、企业的多方互动机制。

第三章 高校创新教育体系的构成

创新教育是适应当前经济社会发展和高等教育自身发展需要的必然产物。知识经济的发展，是以高素质的创新人才为基础的。从当今世界知识经济一体化的角度来看，实施创新教育能够为经济社会发展培养创新型人才，满足经济社会发展的迫切需求。目前，创新教育已成为世界性的教育改革和发展趋势。

第一节 创新教育课程体系

高校创新教育目标要落地生根，课程设置是重要内容，因为这直接关系到高校要培养什么样的人，以及怎样培养人。课程设置是构建学生合理的知识结构的关键。

一、高校创新教育课程体系的构建

课程体系是教学内容和教学进程的总和，决定了学生通过学习，在知识结构、思维方式、心智结构方面发生的相应变化。创新课程体系就是让学生的知识结构、思维方式、心智结构具备创新素养，更适应创新教育。

创新活动是在某个专业技术领域内进行的活动，创新教育教学要融入相关专业教育教学中。因此，在创新教育的课程设置上，必须要开设与某专业领域有关的创新课程。

同时，创新教育不只是提供创新相关的理论知识，更要尽可能地提升学生的创新素质与能力。创新素质与能力的提高光靠理论课程说教是远远不够的，还需要依靠实践、实训、实验课程的开设。创新教育本身就是实践性很强的教育形式，我们培养的创新人才，要在社会岗位中展现自己的创新素养。因此，创新教育要紧密结合市场、社会等大环境，与实业教育相结合，"学中做""做中学"，使学生在与社会生产实践互动的过程中提升创新素质与能力。这对实践、实训、实验课程提出了要求，即其设计与建设要与区域社会经济发展需求相结合，要与地方经济结构和产业结构相结合。同时，在设置实践、实训、实验类课程时，应由易而难，循序渐进，经过实验或模拟实训后，再进行真实场景的实践。

二、创新教育课程体系建设的着力点

（一）构建第一课堂和第二课堂相结合的通识教育体系，提升学生综合素质

坚持立德树人，充分发挥通识课程、综合实践类课程在人才培养中的重要作用，促进学生德、智、体、美、劳全面发展。压缩通识必修课程总学分，减少理论课时，增加实践课时；增加通识选修课程学分、课程门数和模块数量；开设通识类创新课程模块；强化体育与美育教育；加强生产劳动、社会实践、生产实习等综合实践活动；推动学生素质拓展、创新能力培养、学科竞赛、创新训练一体化建设。

（二）挖掘专业课程中的创新教育元素，提升学生创新的核心能力

挖掘专业课程中的创新教育元素，促进专业教育与创新教育有机融合；按照基础类、应用类专业分类设置专业创新必修课程，分类设置创新教育实践与应用项目；开设研究方法、学科前沿、创新基础、就业创新指导与创新实践等课程，开展企业家论坛、创新课程专题研讨等活动，培养学生创新核心能力。

（三）加强国际交流与合作，提升学生国际视野和跨文化交流能力

结合专业特点，通过教师出国进修、学生跨国修读课程和学术交流、国外优质课程引进、国外高校教师授课、加强双语教学等方式，提升学生的国际视野和跨文化交流能力。

（四）深化课程标准建设和课程内容创新，推进优质课程建设

制订校院两级课程建设规划，完善各类课程标准；优化课程结构，强化实践教学；更新课程内容，推进课程设置与行业标准对接、与学科发展前沿

对接、与国内外高水平大学课程体系对接，提高课堂教学水平；加强优质课程引进、跨校课程共享、校内课程资源库建设、网络课程建设；加强网络教学平台建设，分批次实现课程上网工程，支撑学生在线自主学习。

三、创新教育课程内容体系

创新教育是专业教育重要的组成部分之一，它对所有专业都应该具有一定的普适性，同时，由于不同高校人才培养目标定位不同、学科及专业特点不同，大学生创新教育课程内容体系又有其差异性。

（一）创新精神培养课程

创新精神是制约大学生创新成功的关键因素，它奠定了大学生的创新基础，支持着大学生的创新行为。所以，高校创新教育的核心目标应该是大学生创新精神的培养。高校创新教育应该唤醒和培养大学生的创新精神，以及良好的创新心理素质，构建以创新精神的培养为核心的创新教育课程体系。通过创新精神课程对学生进行自强自立和理想信念教育，使他们在具有一定风险意识的同时，能够承担一定的风险；在敢于尝试和冒险的同时，能够承受一定的挫折和失败，从而形成坚韧不拔的性格和锲而不舍的品质。

同时，高校要因地制宜地开设个性化的创新精神培养课程。从区域社会经济发展实际出发，充分挖掘和利用区域文化资源和特色优势，将其融入创新精神培养课程中去。

（二）创新意识强化课程

创新意识是指在创新实践活动中对大学生创新群体行为起着推动作用的个性意识倾向，主要由创新兴趣、动机、认知和信念等要素组成。较强的创新意识能促进创新活动的顺利开展，它是创新教育培养目标体系的基础要素，决定了培养目标体系的其他构成要素的发展方向以及实现的可能性。[1]

通过创新意识课程引导大学生深刻认识创新在当前经济社会发展形势下的重要意义。通过系统持续的教育和培养，大学生能够更新观念，意识到创新是国家和社会的需要，更是他们自身生存发展和自我价值实现的现实需要，使大学生能够自觉增强创新意识，不断提高自身素质和能力。[2]

---

① 刘彬彬. 理工科大学创新创业教育现状分析和体系构建研究 [D]. 合肥：合肥工业大学，2016.

② 尚大军. 大学生创新创业教育的课程体系构建 [J]. 教育探索，2015（9）：86-90.

（三）创新知识获取课程

和专业知识的学习和积累一样，大学生的创新知识也是一个不断学习和积累的过程，并且二者是相互渗透、相互影响的。

创新知识课程主要是帮助学生获取有关创新的基础知识，如创新基础知识、创新思维方法训练等课程，同时注重与专业知识的结合和跨学科知识的传授，扩展学生的思维和视野。创新法律法规与道德教育是创新知识中是极易被忽视的内容，包括法律法规、部门规章、政策制度等的介绍，法治思维、法律意识培养和职业道德规范、个人品德养成等方面内容。

（四）创新能力提升课程

创新能力提升课程应培养学生在创新过程中所应具备的基本能力，如团队合作能力、与人沟通交流的能力、商业机会的识别能力、领导力等。创新能力的形成和发展始终与创新实践和社会实践紧密相连。创新实践课程应为学生搭建学生实践交流平台，鼓励学生参加各种类型的创新竞赛，同时为学生提供更多与投资人、企业家、成功的创业者接触交流的机会，了解更多真实的市场环境。

从事创新活动要求大学生具备一定的综合素质，既可以做到独立工作，又能做到团体合作，应对创新过程中遇到的各种困难。此外，对创新机会的识别和把握，与他人的沟通和协调的能力，项目实施过程中的领导能力、号召力等都需要大学生平时潜心思考和体会。

创新能力的提升需要进行创新实践锻炼，这种锻炼既可以通过软件模拟实现，也可以通过各种创新大赛督促大学生撰写创新计划书。对于那些创新素质潜质较高的学生，还可以通过与大学科技创意园、孵化园内的企业实现对接，适当让他们参与企业的经营与管理，亲自体验创新的真实过程。

创新必须要遵循相应的客观规律，掌握一定的思维方法。可以开设《创新创业方法》《大学生创新创业指导》等课程，给相关大学生专业性的理论指导；也可以邀请创新创业人士的以身示范，让学生熟悉创新创业的一般过程和企业运作的基本流程，从别人成功或失败的经历中积累经验，提高创新创业的成功率。

四、创新教育课程结构体系

大学生创新教育的课程可以分为知识与学科课程、活动与实践课程和环境与隐性课程三个大类，具体包括以下内容。

（一）丰富多样的学科课程

1.通识类创新课程

创新教育学科课程的目的是培养全体大学生的创新意识和创新精神，丰富大学生创新的相关知识，学生可以通过短时间的集中化、系统性学习获取创新知识，深刻领会创新相关的理论知识，树立良好的就业观，为将来更好地从事创新实践和研究工作奠定牢固的基础。[①]此类课程是面向全校的、跨学科专业的课程，可以以公共必修课、公共选修课或者素质拓展课的形式开展。创新教育学科课程从内容上包括两大类，即创新意识类课程和创新知识类课程。创新意识类课程旨在培养学生的创新意识和精神，促进学生形成良好的创新心理品质。创新知识类课程旨在丰富学生的创新知识，对创新活动和过程有初步的认识。

创新学科课程从形式上分为核心课程和外围课程。其中，核心课程可以开设《创意思维训练》《创新思维概论》《技术创新管理》《创意学》与《创新教育学》等课程，这些可以作为创新教育的专业课或者专业基础课来开设；外围课程的范围相对比较广泛，经济学、会计学、管理学、法学、心理学、哲学、人文社会科学、公共关系学、美学和历史学等通识教育类课程，均可融入创新教育中，作为创新教育的公共基础课程。

2.专业类创新课程

大学生创新能力提升是核心内容，需要在各类专业课程中充分挖掘和充实创新教育资源，在专业课程开设中加强创新教育，强化专业教育与创新教育有机融合，促进传统课堂教学改革，推进创新教育有效开展。按照专业设置分为基础类、应用类的"三个一"设置专业创新必修课程，以加强创新教育融入专业教学各环节中，培养学生的专业创新能力。根据专业实际情况，分为基础类专业和应用类专业。

基础类专业"三个一"，即开设一门学科前沿专题课、完成一份专业调研报告、提出一项与专业有关的创意。应用类专业"三个一"，即开设一门创新管理课程、完成一份市场调研报告、提交一份创新计划书。各个学院可根据学院和学科专业情况自行开发建设其他与专业有关的创新类课程，可以是专业方向课，也可以是专业选修课。课程形式可灵活多样，学分纳入专业

---

① 张鸽.高校创新教育及课程研究——以陕西省高校为例[D].西安：西安电子科技大学，2012.

教育总学分。

（二）开放式、多途径的实践课程

实践课程是创新教育实施的重要组成部分。实践课程的形式可以是个体性质的项目活动课程，也可以是集体性质的专项活动课程。在专业实践训练环节融入创新教育活动，能够有效帮助学生积累创新经验，提高综合实践能力。这类课程涵盖各种创新竞赛、学科竞赛和模拟实践。其中，创新创业竞赛、学科竞赛有各类大学生创新创业大赛、改善创意大赛、大学生课外作品竞赛、学科竞赛、创新创业论坛和典型创新创业成功案例的讲座、报告会、经验分享会等；模拟实践可以通过电脑软件进行模拟，也可以让学生到科技园区、孵化园参观实习，参与小型微型创新企业的活动策划与管理，还可以通过市场调研、制订商业计划书、参加创新实践项目等让学生了解专业优势与发展前景，掌握职业所需的创新能力，有意识地熟悉创新的方法。

通过实践课程，可以培养学生的创新个性心理特征和创新素养，形成综合性的知识结构和能力结构。实践课程把理论学习和实际操作联系起来，理论学习的同时可以实践操作，在实践中深化与内化理论知识。

分类实施创新教育。进一步完善创新教育实践学分设计，坚持学校顶层设计与学院自主设计相结合、普适性途径与特殊性途径相结合、课程教学与实践环节相结合，各教学单位均在人才培养方案中设计出具有专业特色的创新教育实践学分的实现途径。可根据不同学科不同专业的实际需要，按照分类实施的原则，在文科类、理科类、工科类、艺术类、外语类等不同专业类别中进行分类设计，主要包括学科竞赛（专业社团）、创新训练、课外实验（开放实验）、学术报告（沙龙）、创新实践（经营）活动等。鼓励学生通过基于专业高水平学科竞赛、科研立项、论文等途径获得学分，其获得创新实践多余的学分可以置换通识选修课程学分。

分层实施创新培训。根据学生的教育发展规律，分层次实施创新培训：一、二年级学生实施全覆盖培训教育，可以组建各类兴趣小组、各类专业社团，使学生初步具备创新意识和基本实践能力；三、四年级学生实施精英式培训教育，可让学生参与商业实践项目，创新训练计划项目、职业规划设计等活动，培养学生综合能力；根据个人意愿和潜质培育各类创新团队。

1.开展大学生创新体悟活动

学校可以依托各种社团组织、大学生创新指导中心、勤工助学中心、心理咨询室等平台，定期开展创新研讨、心理训练和创新模拟等活动。不仅可以为学生提供更多锻炼与实践的机会，结识合作伙伴，而且能够有效锤炼大学生的心理品质，从而建立形式多样的创新团队，成立创新协会和创新俱乐部。

2. 开展创新模拟教学

学生以合作小组的形式，可以是单项模拟训练，也可以是综合模拟训练的方式，在教师指导下，模拟真实的情境，获得创新的直接经验，探索创新的规律，把握创新活动的程序和方法。通过创新模拟教学，学生可以深入了解创新过程中面临的真实问题，运用自己所学的知识，分析、解决实际问题。如果所学知识不足以解决面临的问题，也可以为学生厘清思路，找到以后继续努力的方向。

3. 定期开展创新论坛、企业家课堂等专题活动

学校可以通过邀请校友、企业家来校开展创新专题讲座等形式，让大学生在一个个真实的创新案例中了解创新者的创新经历、创新过程、创新注意问题、创新经验等，启发、开阔大学生的创新思路，拓展大学生的创新视野。

4. 开展创新竞赛活动

学校可以组织自己学校特色的创新竞赛活动，可以依托校园技能节、课外科技作品竞赛等组织学生积极参加比赛，也可以单独设立大学生创新训练项目，让学生通过各项赛事获得宝贵的学习创新经历，积累创新知识，培养创新能力，锻炼合作精神、沟通交流能力和组织协调能力，提升综合素质。

5. 进行创新实训项目

高校应该鼓励学生参与教师主持的科研课题项目，制定相应的参与机制与奖励机制。高校还可以根据学生创新项目的实际需求，鼓励支持有创新计划和创新能力的学生，在孵化小企业的大学生创新园进行创新实践。通过这些方式，学生可以在实践中体验到创新的苦与乐。

（三）多元支持的延伸课程建设

1. 在校企合作中强化创新能力

协同育人是高校教学改革的重要内容。校企合作、产学结合在创新教育中可以优势互补、互相融合、互利共赢、共同发展，使教学实践与生产实践相结合。高校可以利用自身科研、技术优势，有计划地逐步开辟学生创新实践场所，建立一批创新实训基地。在与企业的合作中，学生可以感受企业文化，熟悉技术、工艺在企业中发挥的作用，适应工作流程和规范，获取实际工作

经验，增强岗位实践能力，发现创新机会。

2. 在校园文化中营造创新氛围

创新型人才的培养离不开创新文化，高校内外要营造一种浓厚的创新文化氛围，有效地促进大学生创新认知更新和态度转变。充分利用校园广播、校报、校园网络、橱窗、墙报等舆论阵地，大力宣传创新教育的意义、措施及目标，及时宣传体现创新精神、创新意识及创新能力的校风、校训和典型的人物及事件，努力在校园里形成"推崇创新、尊重创新、支持冒险、宽容失败"的精神文化环境，让创新文化植根于大学文化中。

3. 在网络课程中自主学习创业

大学生是一个具有鲜明个性心理特征的群体，同时也是一个信息素养较高的群体，网络创业、新媒体创业日益成为大学生创新的新途径。高校可以结合自身特色搭建创新课程网站，提供网络、新媒体创新、网络检索、新媒体运营、网站管理、网络营销等学习内容，开展自测训练，提供创新指导。搭建起学生自主学习、内外结合、易于操作实践的创新教育平台，激发大学生的自主学习能力和创新能力，为他们的个性发展提供更大的空间。

第二节 创新教育教学体系系统

创新教育是一种新的教育理念和人才培养模式，重在提高人才综合素质，其主旨是培养学生的创新精神、意识和能力，以期更好地适应社会发展和变革。创新教育是知识经济时代高校教育教学改革的重要内容，是高校质量竞争战略的核心，是高校主动适应社会经济发展的必由之路。

一、创新教育与专业教育相融合的途径

高校创新教育在于广泛地撒播下创新的种子，为经济社会发展培养高质量的创新人才。因此，创新教育是面向所有专业、所有年级的大学生，培养他们的创新意识、精神能力的"广谱式"教育。以这一思想为指导，在实践中要求确定与专业教育相融合为主要途径。创新教育必须有机融入专业教育，关键是如何找到合适的融入途径，克服融入过程中的各种障碍。为了根本解决这一困难，必须将深化高校创新教育改革与高等教育综合改革紧密结合起

来，从厘清创新教育目标要求和人才培养定位入手，挖掘和充实各类专业课程的创新教育资源，在专业教育教学中渗透创新教育的理念。

（一）课程主导模式

课程主导模式是以创新课程实施为主导，提高大学生的整体素质和能力。高校应加强实践环节，增设"企业家精神""风险投资""创新管理"等系列课程。与此同时，在专业课教学过程中，强调革新教学方法、考试方法，鼓励开发学生的创新思维，鼓励学生积极参与教学改革、课堂建设和课下反馈，更积极地参与各种社会实践活动，从而使课上与课下、知识理解与内化、知识与实践的相互转化更紧密地联系起来。

（二）实践主导模式

创新教育应该与创新实践相结合。高校创新教育师资是一个大问题。很多中小企业的初创人员和管理人员在创建企业、扩大企业经营的过程中积累了丰富的创新经验和实战体会。因此，高校可以将企业导师引入课堂，与专业课教师相结合，实现对创新教育的有效互补。这种模式主要是通过与校企、大学科技园、孵化园的合作，提供学生到企业见习实习、调研、参观的机会，实现学生在校所学的内容与企业实践的有机结合。

（三）项目主导模式

项目主导模式旨在提高大学生的创新能力和技能，以专业知识有效运用到创新教育中为侧重点。每个学校都可以充分发挥自身学科、技术等优势，在课堂教学中贯穿任务引领法和行动导向法，有机融合教学与实践、创新教育与专业教育。鼓励学生参加教师的科研项目，在参与项目的过程中深化专业知识的理解，增强实践动手能力。课堂上，教师可以结合自己的科研项目，以任务驱动的方式给各组学生分配任务，在学生完成任务的过程中指导学生实践，激发学生主动学习，创新性地完成各种任务。高校需进一步延伸课外实践平台，建立大学生科技园、创新园、产业园、创新中心，指导学生如何转化任务、孵化创业，并为学生创新孵化提供帮助。

二、创新教育师资队伍建设

高素质的师资队伍是创新教育得以顺利实施的保障。加强创新教师队伍建设成为创新教育的重要环节。创新教育过程中要将创新教育与专业教育相融合，而偏重传统教学、缺乏创新实战经验是创新教育师资困境的主要原因。传统型教师需要向"双师型"教师转型。将创新课程教学与创新实践融合这一理念，融入教师职业发展规划体系中，将提高教师创新教育的意识和能力作为岗前培训、课程轮训、骨干研修的重要内容。鼓励相关专业教师、创新教育专职教师到行业企业挂职锻炼，获得创新实践实战体验，促进创新教育与专业教育的有机融合，构建相应的教师到行业企业挂职锻炼的制度机制。

内源性师资与外引性师资相结合，培养"双创型"教师。高校充分利用校内师资资源基础上，可以借助社会力量，推进内源性师资与外引性师资融合，形成专兼结合的创新教育师资建设。也可以聘请知名专家、企业家、技术创新专家、风险投资人等社会各行各业优秀人才担任创新导师，制定兼职教师管理规范，形成创新导师人才库，完善外聘课程管理办法。同时，积极探索学业导师、科研导师和创新导师"三位一体"的导师团队建设机制。组建多元化的师资队伍，深化校校协同、校企协同、校地协同"三个协同"的育人机制。充分利用校内优秀师资、优秀校友以及产业界领袖和创新实践者，共同组建一支学术与实务相结合、创新与创新相结合、本土与国际相结合的课程教授和创新导师、创投导师团队，促进校内外、专兼职、学界和产业界在创新教育与实践的结合，推进协同创新培养创新人才。

三、创新教育教学方法改革

开展创新教育，需要改革传统教学方法，建立以问题和课题为中心的教学模式。改变传统的课堂讲授教学方式，采用案例式、模拟式、探究式、互动式和合作式教学方法，旨在提高学生的动手能力和创新能力。教学中需要变"教学"为"导学"和"助学"，可采用探究式教学、小组合作式教学，将思维训练和方法训练融入教学，引导学生主动学习，激发学生的主动性和创造性。教师要积极承担行业课题，带动学生参加科研项目和技术开发工作[①]。

高校应积极组织开展学科竞赛、专业大赛等，有意识地结合创新教育，突出竞赛活动的创新性、创造性。结合学科专业特色建设相应的实训模拟基地，积极开展各种创新实践活动。充分利用学校教学实习基地，依托大学科技园、校企，充分发挥大学科技园孵化器功能及其支撑和服务体系，设立产

---

① 张朝珍：教师教学决策的运行机制研究 [M]，北京：中国社会科学出版社，2016：172-175.

学研合作专项资金，专门支持高校、企业和科研院所共建创新研发中心、开展技术合作。高校应结合本校的专业教育资源尽可能地开设模拟创新项目，鼓励学生积极参与，提高学生的实践能力、科研创新能力，让学生提交创新策划方案，指导学生开展创新实践，体验创新过程，提升学生的创新能力。[②]

（一）强化"实验教学、综合实践和创新训练"三位一体的实践教学体系建设

构建"实验教学、综合实践和创新训练"三位一体的实践教学体系，制订创新教育实践学分设计与管理办法，坚持学校顶层设计与学院自主设计相结合、普适性途径与特殊性途径相结合、课程教学与实践环节相结合，设定各专业创新教育实践学分实现途径。按照分类实施原则，分文科类、理科类、工科类、艺术类、外语类等五个专业类别进行设计，加强创新教育各环节在专业教学中的融入。学生参加基于专业的高水平学科竞赛、学术研究、论文作品等可以获得学分。加强实践教学基地和创新示范基地一体化建设，建设融"教学、实践、孵化"于一体的创新教育平台体系，构建"学生创新工作室、学院创新中心、学校创新园"三层联动机制，搭建基础实验平台、专业综合技能训练平台、创新模拟与创新孵化平台、咨询与科研服务平台等四大实践平台。加强专业实验室、虚拟仿真实验室、创新实验室和训练中心建设，完善实验室开放、共享机制。

（二）建立以学为主的课堂教学模式

营造"人在心在""重教善学"的教学文化氛围，不断优化教风、学风、考风，变"学生管理"为"学习管理"。稳步推进"大班授课，小班研讨"教学模式，提高学生有效参与度、师生交流亲和度、学生把握课程知识体系的结构度、学生展现自我才能的自由度、学生有效巩固知识技能的训练度和学生有效运用知识技能的延伸度。探索"多元并举""学生参与"的课堂教学方法体系，采用启发式、探究式、讨论式、团队学习、小组教学、模拟训练、案例分析等多元化课堂教学方法，突出学生学习主体地位，变"教"课为"学"课，变"听"课为"问"课，变"学"课为"研"课。探索"互联网＋教学"的新方法，积极推进"翻转课堂"教学改革。

② 张鸽. 高校创新教育及课程研究——以陕西省高校为例 [D]. 西安：西安电子科技大学，2012.

（三）建立课内外结合的学习方法体系

建立"多互动"的师生关系，构建课内外结合的教学与学习内容体系；结合实施学业导师制，完善师生定期见面制度和课后辅导制度。建立"专业联动、课程互动和实践带动"的学生自主学习体系，结合实施学分制，引导学生跨专业选修课程，并充分利用实习、实验、第二课堂、创新实践等环节。丰富第二课堂，强化创新教育，完善学生成长成才体系。推行学生素质拓展、创新能力培养、学科竞赛、创新训练一体化建设；建设校院两级生涯规划中心，加强就业帮扶或职业规划社团、创新孵化基地建设，开展青春创新行动，加强学生人生发展和职业发展指导。完善自主学习机制，启动学业预警机制，强化学风督察制度，营造浓厚的学习氛围。

（四）改革考试考核方式，加强过程性考核

改革学生考核评价方式，探索"学段教学、多次考核、多样考试"。加强过程性考核，注重对平时作业、课堂笔记、出勤、课堂表现、论坛讨论、课外阅读、课程论文等过程性环节的考察。推行多样化考核方式，根据课程性质和人才培养目标，可采取口试、笔试、操作、开卷考试、课程论文、项目设计等多种考核方式；实行教考分离、题库命题、机考、外出命题等考试改革。探索非标准化考核方式，加强对学生创新精神、创新意识和创新能力的评价。立足大学生能力与素质考查的综合性、非标准化、多形式考核方式，尝试免考、自测、自考等考核方式。

四、培育浓厚的校园创新文化

高校创新文化是高校在实施创新教育和创新实践过程中形成的有关创新的精神面貌、观念形态、价值取向以及道德标准等所有文化形态的总和。[①]校园创新文化价值的核心是通过建设创新的物质文化、精神文化和制度文化来熏陶、影响和教育学生。在校园创新文化中、感受、体悟、思考，逐渐树立自强意识、竞争意识和开拓精神。校园创新文化作为一种特殊的意识形态和价值取向，不仅有利于熏陶和培养大学生的创新素养，而且能够为大学生提供更多的创新机会和平台，充分实现他们的个人价值。

创建良好的校园创新文化，首要任务是提高高校各类工作人员对其重要

---

① 刘尧飞. 我国高校典型创业教育模式与发展对策 [J]. 淮北师范大学学报(哲学社会科学版)，2014（4）：138-142.

性的认识，要把创新教育学科化，将其融入高校正式的教育教学体系之中，与专业教育有机融合。不仅要在高校师生中大力营造支持、理解、鼓励创新的教育观念，形成人人讨论创新、想创新、尝试创新的校园文化氛围，而且要弘扬敢于冒险、勇于尝试、直面成败的认知，从而营造积极、优良的创新文化氛围和创新生态环境。其次是要创新高校创新教育的体制机制。体制机制作为创新文化的重要内涵之一，如创新思维、法律基础、价值观念、社会环境等都需要有效的体制机制加以保障。对高校来说，要从校园创新文化入手，建立和完善支持创新教育的有效机制，在创新教育教学管理教师队伍建设、学生激励、创新资金支持等方面提供帮助，鼓励师生开展和参与前沿教学科研项目和成果转化的实践活动，促使更多的大学生不但希望创新、敢于创新，而且能够实现创新实践，实现他们的人生价值。

五、创新教学管理体制

高校成立学校创新人才培养模式改革领导小组，和教学指导委员会，统筹指导人才培养模式改革工作。同时，高校为适应人才培养改革的需要，进行相应的教学管理配套制度改革，成立全校性的考试中心、教学服务中心等机构，为学生个性化发展需求提供菜单式服务。

六、夯实教学改革

一是开展创新类课程专项建设；二是开展创新类教材专项建设；三是开展创新类人才培养模式改革试点；四是开展创新教学模式改革试点；五是开展创新讲堂与企业家论坛；六是开展专业教学渗透创新教育教学案例比赛等。开设多种类型的课程教学改革，主要包括创新精品课程、网络在线课程、课堂教学模式、教学团队、人才培养模式改革试验区等。

七、强化教学团队建设

组建创新教育学院和创新教育通识课教研室，负责创新教育类通识必修课程的建设和通识选修课的审核和组织工作；探索学业导师、科研导师和创新导师"三位一体"的导师团队建设机制；采用引进和培养相结合方式，打造"专兼职"相结合的创新教学团队，努力提升教师自身的创新能力；支持教师以对外转让、合作转化、作价入股、自主创新等形式将科技成果产业化，并鼓励教师带领学生创新；制订鼓励教师到企业挂职锻炼等配套办法，调动教师实施创新教育的积极性。

第三节 创新教育管理系统

基于高校创新教育现状，需要设立专门有效的管理机构，统一组织协调教学管理部门、学生工作部门、校企办、就业办等各个部门的协调与合作，推动创新教育的发展，使创新教育达到预期目的。

一、大学生创新教育管理的基本功能

（一）转变就业观念，树立创新精神，培养创新意识

大学生的就业观念和创新意识是影响创新教育的一个重要因素，它形成于一定的社会、家庭、学校教育环境。因此，大学生创新教育管理的重要目标就是利用大学创新教育体系来培养和强化大学生的创新意识、能力、技能和思维方式。当然，成长环境和成长经历的差异会对大学生的就业观念和创新意识产生不同的影响。而创新教育管理就是要通过课程体系的设置和教育教学活动的实施，唤醒大学生的精神力量，激活他们对就业形势和创新环境进行认知，对自我和社会进行认知，从而在整体上转变大学生的就业观念和培养他们的创新意识。

（二）培养和发展大学生的创新能力

创新教育是培养大学生创新素质和能力的活动，其课程体系由理论课程、实践课程、提升课程构成，分为学科课程、案例课程、模拟课程和创新实践四个板块。大学生创新教育管理需要依托理论课程，提高大学生的理论素养和分析问题能力，为创新能力的提升打下坚实的理论基础。同时，应该依靠实践课程，把理论知识在社会实践和创新实践中加以应用，提高大学生对创新理论、过程、目标和风险等方面的认识，提高他们设计创新目标、分析创新形势和应对风险的实际操作能力，从而实现对大学生创新能力的培养。因此，大学生创新教育管理不仅关注大学生就业观念的转变和创新意识的提高，而且关注大学生创新能力的提升。

（三）实现大学生的人生价值

大学生个体通过创新，为社会作出贡献，从而提升个人成就感，得到社会尊重。大学生把在创新教育管理过程中的所学所悟转化成为社会创造物质财富和精神财富的过程，既是自我价值和社会价值实现统一的过程，也是实现人生价值的过程。创新教育管理通过对大学生的创新思维培养和大学生的创新能力提升，为个人未来对经济发展勇于担当并贡献自己的力量。[①]个人价值和社会价值是密不可分的，社会个体人生价值的实现在于自我价值与社会价值的统一。大学生创新教育管理的最终目标在于帮助大学生实现人生价值，这是高等教育的责任所在，既是创新教育管理的本质要求，也是大学生个体的内在需求。

二、大学生创新教育管理的途径

（一）创新技能与精神的结合，提升创新文化管理

首先，应该把培养创新精神放在大学生创新教育管理的首位。培养大学生创新精神，要通过成功人士或者成功案例引导和激励学生。同时，通过生生互动或者师生互动的方式进行自我激励，培养创新激情、信念和积极性。要以目前就业和创新形势形成的创新紧迫感和责任感向学生施加一定的创新压力，促进学生在了解经济社会发展和充分认知自我的基础上，及时制定符合实际的创新规划并逐步实施相应计划。

其次，要以创新精神引导大学生不断提高创新技能。在创新精神的支撑和引导下，学生才会以更加积极主动的心态有针对性地提高创新技能。例如，通过组织创新沙龙、座谈会和借助网络平台交流等方式，为大学生交流和分享，掌握创新技能经验提供平台，让他们在互相鼓励、互相帮助、互相学习和互相信任的氛围下不断提高创新技能。[②]

最后，在提高创新技能的过程中培养创新精神。创新精神的培养和创新技能的提高是相互统一的过程。在大学生创新教育管理过程中，要注意在逐步提高学生创新技能的同时，给他们提供创新的"精神食粮"，以便鼓励和刺激他们常怀创新理念，常温创新梦想，常思创新艰难，进而营造浓厚的大

① 刘恩允.治理理论视阈下的我国大学院系治理研究 [M].北京：中国社会科学出版社，2017：56.
② 张茂聪.大学内部管理制度改革与创新研究——基于国际比较的视野 [M].济南：山东人民出版社，2018：257-258.

学生创新文化氛围。

（二）创新知识与实践结合，打造创新教育管理新模式

首先，革新创新教育活动形式。通过各种形式的创新教育活动把创新知识和创新实践结合起来，是打造创新教育管理新模式的前提。高校可以通过举办创新设计竞赛、创新知识讲座、创新技能大赛等方式，提升大学生的创新知识水平和素质；也可以通过让学生深入创新园区或者创新孵化器等创新实践基地开展创新教育，让学生在参与创新实践的过程中检验和修正创新知识，发现创新技能的缺陷，进而总结反思并促进对创新知识的理解和实践能力的提高。

其次，创建创新实践基地。这是能够实现创新知识和创新实践相结合，打造创新教育管理新模式的物质条件。面对课堂教学的局限，应该放弃课堂教学解决全部问题的看法，建立课堂教学与课下教学相互配合、相互促进的发展机制。[①]

创建创新实践基地作为课堂的延伸，为进一步拓展创新教育空间提供条件。一方面，可以通过校企自主合作的方式建立以企业为中心、以学校为主导的合作共赢的创新实践基地；另一方面，可以通过政府牵头、校企共同参与的方式建立互利合作的创新实践基地。同时，还可以通过校际合作，利用学校内部资源创建校际创新实践基地。

最后，改革创新实践方式。这是创新知识和创新实践相结合，革新创新教育管理模式的重要条件。高校可以组织学生有针对性地选择学校所在地的知名企业进行参观学习，熟悉企业运作流程，参与企业管理，让学生在真实的环境中感悟所学知识。高校也可以发挥资金设备和技术方面的优势，通过提供启动资金组织学生创新或者利用创新基地模拟创新等方式，检验学生的创新知识和能力，让学生在真实的创新过程中历练。

三、创新教育管理组织

高校要注重创新教育的顶层设计，成立由学校主要领导、教务处、学工处、就业指导中心、团委等职能部门，以及各二级院系负责人等共同组成的校级创新教育领导小组，并设置具体运行和管理机构，依托高校的商学院或经济管理学院成立创新教育中心或者创新学院，聘请相关专业领域的专家、教授

---

① 刘恩允．治理理论视国下的我国大学院系治理研究 [M]．北京：中国社会科学出版社，017：198.

或校外知名企业家担任创新教育中心或创新学院的领导和顾问。创新教育中心或创新学院具体负责全校创新基础课程的教学工作，学校就业指导中心负责创新实践的安排和服务工作，最终形成以创新教育中心或创新学院为主体，以商学院和就业指导中心为辅助的"一体两翼"式创新教育管理模式。这种模式可以有效解决高校在创新教育师资、资金、技术、项目孵化以及其他配套服务等方面存在的问题。

（一）成立学校创新教育领导小组

学校明确创新教育理念后，要建立健全大学生创新教育的保障机制。加强大学生创新教育的组织领导工作，建立强有力的创新教育领导组织，确保创新教育落到实处。学校成立由学校党政领导、有关职能部门、督学及各教学单位负责人组成的全校创新教育领导小组，负责领导和协调全校创新教育工作，对推进创新教育中涉及全局的政策、规划等重大事宜负有决策权力，负责对全校创新教育工作宏观管理和监控，为高校创新教育建立起强有力的组织保障。学校创新教育领导组织要把学校的定位和未来发展的战略相结合，优化创新教育政策环境，将学校人才培养目标定位为"创新"。通过狠抓培训、服务、激励三个环节，强化和锻炼大学生的创新意识、能力。搭建大学生创新平台，支持大学生创新活动，培育创新典型，丰富学校的创新文化。

教学管理机构可以由教务部门（或者学生管理部门）牵头成立创新教育教学管理办公室，教务部门（或者学生管理部门）分管领导担任主任，其他各相关单位的分管领导担任副主任。该办公室负责全校学生的创新教育教学管理，负责教学计划制订、教学大纲修订，并制订相应的教学管理办法、课程考核办法、教学效果评价方法等。

（二）成立创新教育研究中心

成立创新教育研究中心，构建一支稳定的创新教学科研教师队伍。创新教育中心可以由专职教师与兼职教师组成，根据实际教学的需求情况确定教师的数量。创新教育研究中心的主要作用是开设创新教学课程、制订教学计划、进行创新教育的学术研究，负责组织人员进行创新教育的学术研究，负责组织申报各类创新教育研究课题，定期组织召开创新教育学术研究会议，举办创新专业期刊，并积极组织创新教育论坛，为创新教育的理论研究和交流提供园地。

（三）成立创新教育指导服务中心

大学生创新指导服务中心是学校促进校企文化结合，扶持大学生创新的机构，创新指导服务中心是推动创新教育发展的一个重要机构。首先是负责学生的创新指导工作。开展以实际案例为主的创新知识教学，对具体咨询进行个别指导，从而帮助学生解决创新过程中遇到的诸如融资、财务管理、知识产权的评估、资本运作、收购兼并、团队协作沟通能力等方面的问题。建设创新网站，扩大受益面；其次，对学生进行创新能力训练。利用校办企业或创新基地开展训练，通过创新创业计划、公司创建、企业发展战略等实训主题，进行以体验为主的活动组织，或者以模拟仿真为主的实战训练；最后，将学生直接导入创新创业的环境。为学生提供与企业家、风险投资人、知识产权律师等直接对话的机会，为学生牵线搭桥，依托企业实施创新创业。

大学的创新指导服务中心还负责与社会建立广泛的外部联系网络，包括各种孵化器和科技园、风险投资机构、创新培训机构、创新资质评定机构、小企业开发中心、创新者校友联合会、创新者协会等，形成一个高校、社区、企业良性互动式发展的创新教育生态系统。

（四）学院成立创新教育办公室

各学院可根据学科专业、课程资源、教学团队成立系、教研室、教学团队等教学组织，不断提高专业负责人、课程负责人和教学团队负责人的能力和水平。成立创新教育教研室，负责本学院创新类课程建设、创新项目培育和创新平台建设；组建学业导师、科研导师和创新导师"三位一体"的导师团队。学院创新教育兼职辅导员，负责组织具有学院特色的学生创新教育活动和实践。

第四章 高校创新教育协同机制的构建

教育机制可以指代教育现象中的各部分之间相互的关系及运行方式。按照不同的标准，可以将教育机制划分为多种类型。而创新教育机制则可被理解为各种创新教育现象间的相互关系及运行方式。

第一节 创新教育协同机制分析

一、创新教育协同机制的构建原则及思路

经济发展、社会进步、综合国力增强、国民素质提升都必须依赖于教育系统所提供的不竭动力。高校要根据自身条件，整合所拥有的渠道和资源，结合不同理念，构建创新教育协同机制。

（一）创新教育与传统教育模式相融合

普通教育和职业教育是传统教育模式中最重要的两个部分。普通教育通常注重身体素质和心理素质的锻炼和培养，即德、智、体、美、劳全面发展。职业教育则是立足于前者，以所学专业为核心，加强对学生专业技能和素质的培养，以满足社会经济发展的要求。由于教育需求逐渐向多样化和专业化方向发展，普通教育和职业教育也随之细分，各有其不同的教育理念和模式，在教育体系中发挥着不同的功能和作用。在传统教育中，虽然会无意识地涉及关于创新教育的内容，并在一定程度上进行实践，但是传统教育中所涉及的创新教育处于不固定的状态。相比于传统的教育模式，创新教育增添了更加符合经济社会发展需求的内容，包括创新精神和创新能力。可见，职业教

育与传统教育的发展是相辅相成的。因此，在构建创新教育体系的过程中，高校要充分发挥普通教育和职业教育的基础性作用。普通教育可以为创新教育提高学生基本的发现问题的能力、知识水平以及创新所需的开拓进取和敢于担当的品质；职业教育可以为创新教育提供相关的专业技能和规范。创新教育的实践过程是循序渐进的，有着不同于普通教育和职业教育的教学模式和体系，能够满足学生多样化的教育需求。高校作为实施教育的主体，应整合不同资源和路径，以普通教育和职业教育为基础，扎实推进创新教育相关工作。

（二）创新性与实践性相融合

相对于注重自由发展的自由型高校以及重视学术能力、聚焦学术研究领域的研究型高校，以社会服务为导向的高校则应在建立创新教育体系的过程中，强化社会服务的理念，注重创新教育实践。在此基础上，以社会服务为导向的高校应以创新为核心，配合学校在教学、管理、科研等领域的改革，对教育方式、人才培养模式等进行革新。其中，教育理念、教学模式、学习方法是重要的创新内容。使学生能够在学习中获得开创性、多元化的思维能力，是创新教育的目的。想要实现这个目的，高校就需要整合多方面的渠道和资源，构建能够满足不同需求的创新教育体系。实践能力是除创新能力之外，学生又一不可或缺的条件。创新思维，创新的行动能力，开拓进取、勇于担当的品质是创新教育的核心内容。创新教育模式的探索是困难和艰巨的。因为创新教育是对普通教育和职业教育的进一步深化，所以实践能力就成为影响学生创新的关键因素。实践能力包括身体和心理两个方面的能力。高校可以通过教学活动和社会生产相结合的方式，培养学生的实践能力。

（三）一致性与差异性相融合

培育具有创新思维和实践能力的专业型人才一直是高等教育的主要目标。创新教育是在创新教育的实施过程中实现的，二者是紧密相连、不可分割的。所以，高校要将创新教育和创新教育结合起来，为学生构建创新教育协同机制，协同不同主体，重点培养学生的创新能力、创新思维、创新意识以及敢于开拓、主动承担的精神品质。这是高校创新教育的落脚点。不同高校受不同因素的影响，都会选择符合自身条件的发展方向，所以，各高校在创新教育协同机制的构建上不尽相同。一方面，地理因素决定了社会环境。所以，处在不同地域的高校有着不同的社会资源，高校在构建创新教育协同机制的过程中可利用的社会环境资源存在差异。这直接影响高校对创新教育实践模式、教育方式的选择；另一方面，发展导向存在差异的高校在人才教育的目标定位上也是不同的。高校应充分了解不同专业的学生的需求，以专业类型为基础，针对性地对学生的创新教育设计个性化的教学内容和目标。

（四）主体性与互动性相融合

创新教育的目的是培养具有创新意识和创新精神的人才，因此，教师在教学过程中要使学生的主体性与师生之间的互动性相融合。在以研究为导向的高校中，师资力量充足，科研水平较高，教师既可以开展教学工作，又能推动高校科研水平的提高。让学生获得知识和技能，并将其运用到实践中以满足社会多样化的需求，是高校培育学生的根本目标。因此，教师在教学过程中要帮助学生制定订符合自身条件的目标，注重培养学生的个人品质，让学生在学习过程中学到知识和技能的同时，又能感受到人文关怀。师生之间的互动在创新教育中发挥着重要作用。教师应摒弃单向的灌输式的教学模式，丰富教学内容，创新教学方式，在教学过程中重视与学生的沟通与互动，增进师生之间的了解；及时掌握学生的反馈信息，通过多样的沟通渠道帮助学生提高发现问题、解决问题的能力，培养学生的创新意识和创新精神。

（五）创新教育协同机制的构建思路

创新教育协同机制的构建对高校来说是一项艰巨的任务，需要协调多方力量参与其中。与传统教学聚焦学科建设相比，创新教育在提高知识水平和技能的基础上，更强调学生与社会的匹配。所以，高校应整合多方资源，协调各方力量参与到教学过程中，构建创新教育协同机制，为学生提供细致全面的创新方面的指导。创新教育协同机制的构建要求高校根据社会和学生的需求制订新的培育标准和目标。高校应将创新意识和创新精神贯彻到教学活动中，并与学校的长期发展目标相结合，既要让学生学到基本的知识和技能，又要通过创新教育引导学生积累知识和创造财富，培养和提高学生发现问题、解决问题的能力，创新的思维和意识，以及敢于担当、勇于探索的个人品质，促进学生的全面发展。具体来说，高校可以建立合理的奖励制度。例如，针对学生的创新情况制定激励标准，对有创新意愿的学生提供知识、物质以及政策上的支持。如果学生创新顺利，学校应给予积极肯定；如果创新遇到挫折或失败，学校应帮助学生发现问题并给予支持，通过合理的激励制度，帮助学生加深对创新精神的理解，使学生将创新作为步入社会的重要选择之一，让学生在知识储备、专业技能和心理素质上做好准备。

高校在创新教育协同机制的构建过程中，应将教育目标和理念作为出发点，把创新的思维方式渗透到教师队伍的建设和学生的培育中。通过对学生知识储备、专业技能、心理素质和个人品质等方面进行全面培养，将创新教育的理念和思维方式与人才培养机制结合起来，在学生学习的过程中培养其创新思维和创新精神。在具体课程内容的选择上，高校应将创新教育的理念融入其中，为学生创新提供扎实的专业技能和心理素质基础。除传统的理论知识教学之外，高校还应注重对学生实践能力的培养，丰富实践课程内容，如采用举办创新比赛、建设创新基地等方式，让学生能够将自己的想法转化为实践，积极锻炼学生主动发现问题、解决问题的能力，培养学生的创新意识和创新精神，为学生创新奠定基础。高校在构建创新教育协同机制的过程中，还应注意将传统教育内容与前沿的教育理念结合起来。只有在传统教育的基础上吸收应用好新的教育理论，才能更加高效地构建创新教育体系，并真正发挥创新教育的作用。

综上所述，社会发展日新月异，对人才的需求也在不断变化。高校在构建创新教育协同机制时应在发挥传统教育模式优势的基础上满足社会发展需求，重视教育的社会服务功能，协调和调动多元主体参与到创新教育中来，以学校为主体，整合多方资源，构建完善的创新教育协同机制。

二 "校企"协同育人

（一）校企协同育人的目标

高校与企业建立多样的合作关系，将学校的教学资源和企业的社会资源结合起来，推动校企协同发展，是校企协同育人的基本目标。

高校身处教育改革的一线，应提高为经济发展服务和满足社会发展需求的能力。对此，高校应充分整合资源和渠道，以区域经济为基础，构建完善的校企协同机制。处在市场竞争环境中的企业对人才的需求是多样的。因此，高校要重视对学生创新教育的投入，为学生提供社会服务的平台，帮助学生更好地与社会需求相匹配，既要充分发挥人才对社会经济发展的推动作用，又要提高学校创新教育平台建设水平，促进学校综合实力的提升。

高校和企业作为校企创新协同育人的主体，应参与人才培育目标的制订。企业想要获得符合自身长期发展需求的人才，需要将企业的长远发展目标与人才培育结合起来，对人才进行精准定位和培养。随着国际竞争日趋激烈，创新越来越成为提高综合国力的关键因素，国家和社会的发展对具备创新素质的人才需求也在不断增长。高校是培育人才的重要主体，以研究为导向的高校应承担起培养创新型人才的责任，应和企业共同构建创新人才培养平台。与以研究为导向的高校不同的是，以教学为主的高校的主要任务是培育本科生，培养出的人才类型主要为重视实践的应用型人才。所以，以教学为主的高校应与企业协作制定符合社会经济和企业发展需求、能够提高学生实践能力的人才培养机制。兼具研究功能和教学功能的是以教学研究为导向的高校，其培育对象主要为本科人才。由于自身的定位，以教学研究为导向的高校更注重培养学生的综合能力。因此，具有良好学习能力、应用能力、实践能力和创新能力的人才是以教学研究为导向大学的培养目标。

（二）校企共建教学体系

培养目标的实现必须以完善的教学体系建设为基础。课程内容不能及时跟上社会经济发展的变化，在教学方式上缺乏与学生的沟通和互动，不能为学生提供充足的实践机会，不符合社会发展的实际要求等，都是传统教育中存在的问题。所以，学校和企业应在教学体系建设方面相互协作，共同制订符合学校和企业需求的教学体系。

1. 理论课程体系建设

在理论课程体系建设方面，专业基础课程和专业课程是国内高校专业课程的两个部分。专业基础课程分为理论教学和理论实习、实践的教学环节，主要目的是使学生掌握基本知识，为其奠定基本理论基础，提高其基本知识和技能。

高校的课程设计不应局限于本校已有课程，还要为学生提供多领域、跨专业以及其他学校的选修课程。社会经济各领域联系日趋紧密，每一个领域和专业都不可能独立发展，都需要加强和其他领域的联系与交流，以此来推动自身领域的发展。国家之间的交流与合作也是同样的道理。国家的发展也越来越需要具备综合素质能力的人才。所以，选修课程设置应注重多元化。学生通过基础课程的学习达到课程要求后，学校应引导学生选修对自己专业有帮助的跨领域学科课程。这样做，学生既能通过理工学科的学习提高实践能力，又可以通过人文学科的学习培养逻辑思维的能力。

多学科课程的学习有利于提高学生的综合能力，为培养创新思维奠定基础。具体来说，文科学生可选修符合自身发展需求的理工科课程，锻炼自身的实践能力；理工科学生可选修适当的文科课程，增加社会科学的知识储备，提高自身的文学水平。除此之外，学校还要引导学生选修其他学校的课程。这样做，不仅能拓宽学生获取知识的渠道，而且能提高各学校教育资源利用效率。

当今社会，各行各业都在不断发展变化中，高校要围绕社会发展需求开设相关课程，也要随时根据行业变化更新课程内容，以符合社会的发展要求。此外，学校要对所开课程的相关领域保持高度的关注，时刻掌握行业的变化动态，及时对课程方向进行调整，既让学生学到前沿的行业知识，又积极满足社会发展不断变化的需求。

2. 实践课程体系建设

为了提高学生的实践能力和创新能力，学校与企业应积极协作，在课程设置上为学生提供能够把学习到的理论知识转化为实践的平台。从企业的角度来讲，可以让学生参与到与企业发展相关的项目和课题研究之中，在学校教师和企业相关人员的指导下对项目或课题进行研究。在这个过程中，学生的专业技能能够快速提升。在与企业项目有关的课程设置上，学校应制订合理的学分标准，提高学生参与的积极性。此外，学校还要注重培养学生的实践能力，通过设置相关以社会服务为导向的课程，使学生所学专业与社会需求相匹配。

3. 开设第三学期

高校可以通过设置第三学期课程的形式指导学生实习，让学生有机会将学到的理论知转化为实践。"第三学期"的设置不能影响第一、第二学期的课程计划，它是指在前两个学期课程周数不受较大影响的基础上，将第一、第二学期的部分课时整合为第三学期。第三学期的课程有别于第一、第二学期，课程内容包括课程设计、综合实验以及专业实习等。学生通过第三学期的学习，能够将前两个学期所学理论转化为实践，并在实践中总结之前学习的过程中存在的问题，并在接下来的学习过程中积极解决，发挥第三学期的过渡作用。经济社会发展需求变化较快，因此，第三学期的课程也要不断更新，更需要高校建立与第一、第二学期的教学联动机制。规范的课程设置和充足的资金支持是第三学期正常开展的重要条件。在开设第三学期的过程中，首先，指导教师在第三学期的教学过程中发挥着重要作用，再加上教师的教学时间和教学难度也有所增加，所以高校应合理提升教师的收入水平；其次，实践课程是第三学期的主要内容，学校的设备损耗有所增加，为了确保课程任务的顺利进行，学校应加大对设备维护的投入力度；再次，对于和学生学习生活相关的图书馆、专业教室、宿舍、食堂工作时间，学校也要根据学生的课程活动进行合理规划；最后，学校对于学生在实习过程中的安全问题都要做好全面、细致的管理。不同于第一、第二学期的教学模式，学校需要科学制订第三学期的考评体系。每个学校都有各自不同的特点，因此，第三学期的开设没有统一标准，学校应根据条件的不同制订符合自身发展的运行模式。

4.实施"双师"教学模式

加强高校与企业之间的人员交流是增进双方了解、提高合作水平的重要途径。部分学校和企业建立了研究所。学校教师应在研究所的课题研究人员中占一定比例。另外，研究院聘任的专家要对学校和企业有足够的了解。校企应共同搭建教师、专家和企业人员之间的沟通交流平台，发挥各方长处，提高工作效率。教师在研究所中能够接触到社会经济发展的前沿问题，可以将最新的知识教授给学生，拓宽课堂内容的来源渠道，让学生将所学理论更好地与应用结合起来。学生在了解和学习前沿问题的过程中，锻炼了发现问题、解决问题的能力，最重要的是学生的创新意识大大增强。

（三）校企共同参与人才培养的过程

1.订单式培养

订单式培养是指高校和企业签订用人合同，以高校教学资源和企业社会资源为基础，双方共同参与人才培养计划的制订以及落实的过程，使学生通过考核达到培养标准，而企业按照合同规定安排学生就业的协作办学模式。订单式培养的优点在于高校、学生、企业之间的关系是平等的，三方都能在人才培养的过程中发挥各自的主体作用。企业应把握好行业发展的方向，根据企业发展的需求制订培养标准和数量，以订单形式交由学校对学生进行培养管理。在培养人才的过程中，学校和企业应加强沟通，把握企业和社会发展的需要，协同制订培养方案和确立目标。企业将行业最新的动向传送给高校；高校则以校企协同制订的培养方案对学生进行定向培养；学生达到考核标准，毕业后由委培单位安排就业。"一班一单"和"一班多单"是订单式培养的两种形式。"一班一单"是指一个企业的职位需求都为同一个专业，而且企业对该职位的需求人数能够组建一个班级。而"一班多单"指的是企业缺少某一领域的专业人才，但是对该类人才的需求数量不足以组建一个班级；为了提高人才培养的效率，多个企业共同下订单，高校将职能相近的岗位整合在一起，培养学生的职业岗位能力，即一个班级和专业与多个企业订单相对应。为了保证订单式人才培养的质量，学生可自愿报名，通过初审的学生可组建班级，并在企业的实训基地接受培训。通过严格规范的考核，学生可以提高专业技能，满足企业的需求，使自身素质更好地与企业发展相匹配。学校和企业之间良好的互动交流是订单式人才培养顺利开展的重要条件。包括招生、专业设置、岗位要求、教学内容与企业生产经营相匹配等在内的问题，都需要双方在确定订单前达成一致。企业应将长期发展规划和需求明确地向学校传达，避免培养过程出现偏差，提高培养效率，降低培养成本。

2. 校企教育资源共享

学校和企业应同心协力，探索共建校企之间的沟通交流机制，双方应整合、共享人才培养资源，提高人才培养的资源利用率。企业竞争力的增强、高校科研水平的提升以及创新机制的构建都有赖于校企协同及教育资源的共享。实习平台应由企业搭建，高校则应给予企业技术研发支持，以协同育人机制为基础，为企业输送专业人才，形成合作共赢的良性互动机制。整合高校的教育资源和企业的社会资源，为学生的培养提供优质资源，不仅有利于创新教育协同机制的建设，而且有利于为社会发展提供所需人才。企业的人才队伍的建设能从校企教育资源共享中受益。

学校和企业共同建立实验室是资源共享的另一种形式。实验及实习所需的设备由企业提供。学校则提供教学设施和师资力量。校企双方通过资源的整合与共享，提高资源利用效率。将人才的培养和员工的培训结合起来是协作共建实验室的特点，能够实现校企优势互补、降低培训成本。实验室的建设要以教学内容和学生能力为基础。校企双方应共同建设满足能够多样化需求的实验室，包括基础实验平台、综合应用实验室以及创新研究实验室。基础实验室主要是为大一新生设立的，将课程教学与实验结合起来，培养学生的基础知识和实验技能。综合应用实验室则面向二年级以上的学生，教师可通过创新型和开放型创新实验内容提升学生对知识的实践应用能力。创新研究实验室则为理论知识掌握牢固、实践能力出众的学生提供了科研和创新实践的平台。创新研究实验室的实验设备的科技水平较高，在企业项目的引导下，有利于学生创新意识的培养。

实验室及实践基地的硬件条件对学生的培训发挥着重要作用，但是设备的维护与更新需要较大投入，仅仅依靠高校自身的力量难以满足教学发展的需求，最终导致人才培养达不到企业的要求。建立完善的实验、实践基地对于大多数高校来说还较为困难。实训设备若跟不上教学内容的变化，会造成学生的实践能力与企业的需求不相匹配。因此，借助企业力量有利于减轻高校负担。

总的来说，高校向企业提供技术服务和有偿服务，企业则给予高校实验设备资源，这对双方来说是互利共赢的。技术是企业发展的核心要素，高水平的员工培训既能够减少设备养护的成本，又能帮助企业提高生产效率，降低生产成本。所以，企业通过与高校合作，用实训设备置换技术支持和员工培训，能够有效解决设备维护与员工培训等问题。

3. 学校冠名企业

除了与企业合作的模式外，高校还可以通过冠名企业的方式来培养人才。这样做有利于减少学生将理论知识转化为实践过程中的约束，提高学生的实践能力和创新能力。在挑选冠名企业的过程中，高校应注意企业的生产经营活动是否与学校的专业方向相符，企业的技术是否成熟。因为这些都会影响冠名后人才培养的成效。在冠名企业后，高校应给予企业技术研发和资金支持，使其成为学校发展的一部分。准确合理地定位冠名企业的地位是发挥校企协作建立教学基地最大效用的前提。合作机构的确定也是高校冠名企业发挥作用的重要条件。企业、行业协会、高校等应选派代表组成培训委员会。此外，校企应共同制订合理的教学标准，在实训基地设置教学经理岗位，使理论教师和实训教师的配备与学生、实验设备的数量相匹配。理论教师和实训教师应注重沟通协作，加强双师型教师队伍的建设。若学生人数充足，则需设置教学经理助手岗位。通过精细化的管理模式，高校要积极推动校企实践基地的教学内容、标准与企业发展相适应。使企业真实的生产环境与教学环境相融合是高校冠名企业最重要的特点。实训基地整合了高校和企业资源，为学生提供了真实的生产环境，也是构建创新教育校企协同育人机制的载体。实训基地既将教学内容带进了工厂，又让学生在企业环境中得到了锻炼。企业通过实训基地提高了生产效率，降低了生产成本；而学校通过实训基地为企业培养了实用型人才，实现了教育目标。

（四）建立校企双方有效协同的机制

1. 建立校企协同的引导机制

高校和企业应共同参与到校企协同引导机制的构建中。校企双方首先建立起校企协同工作委员会，成员应包括企业、行业以及高校的管理人员。校企协同工作委员会的主要工作任务是审议培养模式、培养目标、师资队伍建设以及招生就业等问题，此外，还应随时掌握行业发展变化，及时对人才培养课程设置和校企协同发展方向做出科学调整。技术合作开发委员会也是校企协同引导机制的重要组成部分。该委员会主要由学校骨干教师和企业技术人员构成，主要职责是根据市场需求的变动，对企业生产升级换代提供科研支持以及将高校的理论成果应用到实际生产中。为了保证校企人员的研究方向始终符合社会发展趋势，该委员会还应承担起校企人员培训以及传达行业动态的职责。

2. 建立校企协同的管理与反馈机制

校企协同的管理机制包括统筹规划、相互协调、自主发展等内容。协同管理机制能够有效加强校企之间的合作关系，提高资源的整合度，奠定互惠互利的合作基础，充分提升校企资源的利用率，保障人才质量符合企业生产经营需求。而校企协同反馈机制的建立需要与管理机制相结合。管理过程中出现的问题要及时通过反馈机制向校企双方反映并予以解决，以维护协同机制的运转秩序。

（五）转变校企双方传统的观念与融合校企文化

1. 转变校企双方的传统观念

当前高校和企业对校企协同机制的看法存在差别。个别企业在机制构建中处于被动地位，高校的教学模式也缺乏创新。高校和企业虽然承担着不同的社会责任，但是从功能和作用上看，双方也有着良好的合作基础。高校为社会经济发展输送人才，企业作为经济活动的参与主体，直接受益于学校的人才培养，而企业通过人才提高生产效率，获得更多的利润，为社会创造出更大的价值。可以看出，高校和企业都承担了服务社会的责任。因此，企业在生产经营活动中理应与高校协作培养人才。企业应认识到校企协同育人不仅能够培养人才，而且能够获得高校的科研支持。高校也要更新观念，依靠社会力量拓宽人才培养的渠道。在校企协同育人的过程中，高校应依托科研资源为企业发展提供技术研发支持。企业将高校提供的理论转化为生产实践，也有利于高校科研水平的提升。高校为企业提供人才和技术支持，企业为高校提供设备支持。这样既能降低培养成本，又能提高学生的专业技能。所以，校企双方都应转变传统观念，积极参与协同育人机制的建设之中。

2. 融合校企文化

高校发展既要有良好的硬件条件，又要培育具有自身特点、被社会广泛认同的高校文化。优秀的高校文化不仅有助于培养出优秀的人才，而且能极大地提升学校综合实力。因此，高校文化越来越成为学校发展的核心推动力。

作为社会文化的一部分，企业文化与高校文化有着相同的文化属性，两者既存在联系，也有各自发展的独特性。企业是市场竞争的参与主体，所以企业文化建设服务于企业生产经营活动。优秀的企业文化能够影响员工的思想和行为，帮助员工解决工作中遇到的问题，为企业发展提供文化动力。高校文化和企业文化在内涵上存在联系，不少企业文化的内容都能从高校文化中找到相同的部分。企业发展和行业的变化对高校文化的影响也十分明显。随着社会竞争日趋激烈，终身学习已经被人们普遍接受。学生在学校接受专业知识和技能的培训，进入企业后并不意味着学习生涯的结束，仍然需要学习并掌握在企业环境中必备的技能。因此，高校应使自身文化与企业文化相融合，让学生在校学习期间感受到企业文化，引导学生找出高校文化与企业文化的契合点，帮助学生在认同高校文化的基础上更好地接受企业文化，适应企业的竞争环境，提高自身的抗压能力，促进从校园学生到企业人才的定位转换，锻炼学生的职业能力和社会适应能力。

第二节 高校创新教育协同机制的组成

一、管理决策机制

要保证创新教育的实施与推广始终围绕共同的总体目标，确保运行保障、育人内容等各方面始终能符合实效育人这一标准，就必须建立高效的创新教育管理决策机制。这是高校创新教育运行的核心与关键。

（一）管理决策主体关系分析

高校创新教育管理决策机制的主体包括高校创新教育工作领导机构以及创新教育专家委员会，前者多由高校的行政管理者构成，而后者多由创新教育研究以及教学专家构成。如何定位高校创新教育工作领导机构与创新教育专家委员会，以及如何分配二者的决策权力，都是管理决策机制构建的重点。

高校创新教育工作领导机构与创新教育专家委员会作为高校创新教育管理决策机制的两个主体，二者分工不同且相对独立。领导机构负责把控创新教育的发展方向，制订高校创新教育的总体规划，全方位掌控着创新资源及经费等，其主要决策范围包括整体的规划发展、经费的投入使用以及资源的整合分配等。而专家委员会则是创新教育研究的整体管理者，不仅负责教学内容与方法的制订，而且承担着科研教学及师资培训等任务。总体而言，领导机构侧重创新教育的发展规划与资源供给等宏观决策；而专家委员会则侧重创新教育的理论研究与课程培训等微观决策。

高校创新教育工作领导机构与创新教育专家委员会虽然分工有所侧重、职能相对独立，但是二者更有着紧密联系与持续作用。领导机构为专家委员会确定教研与理论的研究方向，并提供支持；而专家委员会则根据高校创新教育的理论教学研究为领导机构提供策略建议。领导机构通过对高校创新教育的整体规划管理会提高专家委员会的科研教学成效，而专家委员会则会通过研究方向的决策与教学课程的设计将领导机构的思路设想落实到位。要想确保高校创新教育工作领导机构的决策更具有效性、合理性及专业性，就离不开专家委员会的科学建议与理论支撑；同样，专家委员会要想找准正确的决策方向，也离不开领导机构的认同与支持。

明晰两个主体各自的决策对象、范围、程序及权力边界，可以促进高校创新教育管理决策机制的建立。管理决策机制要确保领导机构能够担任起全局把控者的角色，可以在整体规划与运行方向中提供正确的策略建议，也要确保专家委员会能够在教学、学术等具体事务的整体规划中担任起建议咨询者的角色，在决策的过程中，以制度化的方式达到两个主体合理分工、协同推进的效果。

（二）管理决策机制的运行程序

高校创新教育管理决策机制必须具有规范的运行程序与步骤，才能确保工作的高效性。领导机构与专家委员会作为高校创新教育管理决策机制的两个主体，其管理决策机制的运行程序也是构成管理决策机制的重要因素。

对于领导机构而言，管理决策机制的运行程序应当是有条理与逻辑性的。针对高校创新教育现有规划和资源分配等问题，首先，领导机构会对其进行分析，从而明确自身发展的目标；其次，领导机构将提供至少一种决策方案，由民主程序确定最终方案；最后，领导机构会推动方案的实施。当然，在此过程中，领导机构需要根据具体运行的情况进行反馈评估，从而对决策方案进行评估，确定是否继续执行该方案或是对该方案进行调整改进。在领导机构管理决策机制运行的过程中，专家委员会主要承担着调研及提供对策建议的工作。两者的相互配合才能促使管理决策机制运行达到高效的目的。

对于专家委员会而言，管理决策机制运行的第一步便是对高校创新教育实际实施过程中存在的问题进行分析，明确自身发展的目标；第二步，在一定的科学研究理论基础下，提出至少一种决策方案，由民主程序确定拟采用的决策方案并向领导机构请示备案；第三步，推动决策方案的实施。当然，专家委员会也应根据实际决策运行的情况进行反馈评估，从而确定是否继续执行或是调整该方案。在专家委员会管理决策机制的运行程序的各个环节，领导机构都可进行总体规划与方向的把控，它在管理决策的过程中担任着整体把控的角色，并对专家委员会的决策范围进行管理调控。这样做可以将学校党政机关对高校创新教育的整体规划精神在教学管理与学术研究的过程中贯彻到位、落到实处。

总体而言，加强高校创新教育工作领导机构的管理决策工作，在宏观上可以确保高校创新的教育内容与发展方向符合学生自由全面的发展需求，符合学校总体规划发展的需求，符合政府、社会的高度需求；而加强专家委员会的管理决策工作则在微观层面更易形成合理的教学内容、方法与体系，从而确保高校创新教育的有效实施及科学发展。

（三）管理决策机制构建的基本原则

为了更好地服务创新教育的实施与推广以及推动创新教育的科学发展，构建高校创新教育的管理决策机制是必不可少的举措。由于创新教育的实施与教育发展都有着明确的特定目标，因此，两者之间必然有着相适应的特定价值内涵。高校创新教育管理决策机制的构建，必须遵循特定的价值规律与基本原则。高校创新教育的宏观目标：结合国家的政治、经济与文化的发展，联系中国特色社会主义教育实际情况与高校学生全面自由发展的需要，通过教育的实践帮助学生了解创新过程、培养其创新意识及创新能力，不仅让学生以正确的目标导向与价值取向参与到各个领域的创新中，而且使学生将来更好地服务于中国特色社会主义教育事业的科学发展。而从微观层面角度考虑，高校创新的目标是树立正确的创新价值理念、明晰创新主体意识、完善创新能力结构以及提升创新的实践水平。高校创新教育管理决策的价值内涵应紧紧围绕这一宏观与微观相结合的目标体系。

1. "全面教育"与"个别教育"相结合的原则

"全面教育"是指全面提升大学生的创新意识与创新能力，从整体上对创新学生的综合素质进行开发与提高，完善其创新的知识结构体系和人格。

"个别教育"是指针对少部分拥有创新潜能的大学生，进行个别的特殊引导和动力支持，以培养出先进的创新示范人才。

2."全程性"与"分层性"相结合的原则

良性的创新教育体系应当具有开放性与延续性的特点。其开放性与延续性在高校创新教育阶段就是"全程性"的体现。高校应当将创新教育纳入人才培养的目标规划，与专业的教学科研体系相结合。同时，高校创新教育还应当划分层次，有侧重点。在高校的初级阶段，高校应当培养学生的创新意识、进行通识教育，随着学生专业学习的不断深入，应当加大创新教育意识的培养力度，开展针对性的技能训练，让学生在创新实践的过程中不断提高自身的综合素质。而对于高校毕业生来说，创新教育应体现教育连续性的特点，实现由浅入深、由全面到重点的发展目标。

3."理论"与"实践"相结合的原则

高校在开展创新教育工作时，要注重理论与实践的具体结合。只有这样，才有能够真正实现培养大学生创新意识素质的至高目标。因此，高校在开展创新教育工作的同时，既要加强理论课程教学工作，增强学生的创新意识，又要根据创新自身的实践特点，加强实践教学工作，积极组织学生参与创新活动，真正做到理论与实践相结合。

4."开放"与"协同"相结合的原则

高校由于受到教育资源局限性的影响，为了获取有利的社会优质资源，应坚持开放办学的原则，建立协同创新机制。高校还应围绕创新培养人才体系的这一目标，建立创新协同机制，使各部门的职能目标协调一致，促使创新教育的效果达到最大化。

（四）完善管理决策机制的建议

1.转变创新教育观念，树立正确的创新教育课程理念

高校管理者要用前瞻性的眼光设定创新课程理念。创新教育任务的核心是达到素质教育的要求，培养学生的创新思维能力，为学生创造条件，使其认识到知识的力量。因此，高校既要培养适应目前就业发展需要的普通型应用人才，又要为国家未来的经济发展输送顶尖的创新型人才。明确创新教育的课程理念，立足于现实需求与长远发展，是开展创新教育的指导思想。

2.加强创新学科建设，明确创新驱动发展的新要求

当今社会的发展战略对我国高校创新教育的人才培养路径提出了新的要求。高校是大学生创新教育的核心阵地，承担着教学科研培训、提供创新资

金支持以及人才培养的多项任务。因此，高校应当正确认识自身在创新教育协同机制中的地位，并在教育的实践探索中表现出来。大学生创新教育工作的合理有效将在一定程度上影响我国的经济发展方向。因此，构建完善的协同机制对高校大学生的创新教育来说具有重要的指导意义。大学生和企业是高校创新教育的两个方面。高校只有处理好两者间的内外联系，才能充分发挥两者间的协同作用。首先，对人才培养，高校要制订出科学的规划，转变以往的教育观念，将创新教育贯穿于教育工作运行全过程，将理论与实践结合起来，通过两者的优化整合，激发创新者的热情与积极性；其次，应当整合各方资源，在政府、企业及高校的保障体系下，实现理论与实践的有机结合，在激发学生创新潜能的基础上，积极推动教学课程与科研规划的改革；最后，应当设立多层次的教研课程，引进高质量师资队伍，积极鼓励师生参与到创新的实践活动中。在资源合理整合的过程中，高校既要鼓励学生参与创新竞赛，又要建立科研系统，通过实行双向选择导师的制度，将创新项目与创新者进行合理匹配，最终使得创新者可以寻找到心仪的创新团队。高校应当加强对创新教育理论与实践的深入研究，充实教育课程体系内容，设定多层次的目标以吸引更多的学生参与到运行过程中。

3. 设计多样化的创新课程，实行循序渐进式的教育模式

在实施创新教育过程中，高校要正确认识创新教育内涵，将其与专业教育结合起来，在专业教育的教学过程中培养学生的自主创新意识，增强创新教育的实效性与互动性。创新教育的教材除了纸质课本外，还应包括课程的政策性资料及其他文件。根据这一特点，高校可以精编课程教材，丰富教学资源。由于"宽口径"培养条件下的课程教学课时有限，所以，高校可将相关性较强的实验操作安排在一定的时间段内。这样既有利于拓宽知识渠道，又有利于在最大限度内获取教育资源。教材应当具备较强的操作性。这样的教材对实验的准备以及分组安排来说，更易为教师提供合理化的建议。同时，为了提高教学效率，教师可将实践中的操作技巧拍摄成视频，以PPT的形式展示给更多的学生。这样，拍摄的视频不仅可以作为教材刊登在相关网站上，而且更有利于学生的自我预习及学习回顾，使课程时间得到最大程度的利用。

4. 丰富课外创新活动，鼓励学生参与社团

学生社团是高校的自由活动主体。在创新活动方面，学生社团可以用多样化的方式将兴趣相投的校内外人士集结起来，营造良性的交流沟通氛围，让学生产生创新激情和创意。

5.构建专业的师资队伍，实现多样化的教学方案

高校可以坚持引进校外的师资力量，激发学生的学习兴趣，也可以提供资金以支持校内的师资团队走出去，学习、借鉴其他成功学者的创新经验及教学方法，同时对课程的教学设计采取灵活多样的方式，满足学生的实践需求，不断提高其创新能力与综合素质。

6.充分利用校外资源

高校是一个开放性的系统。因此，在推动创新人才培养方面，高校可以联系各方外力，相互作用，促进目标的实现。高校可以与企业联合办学，为大学生提供创新的实践机会，提升其创新意识、能力及综合素质。

7.完善教师激励机制，激发对创新事业的激情

高校应以各种表彰手段满足教师对高度尊重与荣誉的需求，为他们提供良好的空间以满足其精神需要。价值需求处于优先阶段的教师会追求更好的高人生价值，更加渴望得到领导及社会的认可。因此，高校应当针对他们设立荣誉性的职位以满足其价值需求。由于创新教育正处于新兴发展阶段，高校对于师资的选择应遵循择优录取的原则，同时还应完善激励机制，鼓励教师尽最大可能全身心地投入创新教育事业中。

8.规范创新教育主体活动，建立有效的监督机制

高校教学活动的正常运行离不开有效的监督机制。对于高校管理者而言，其承担着高校教学课程规划设计及管理教辅人员的工作，以防止他们在工作中出现主观臆断的不端行为。对于主要承担着创新教育实施工作的高校教师而言，监督工作有利于确保其教学行为的规范性。对于作为创新教育的接受者的高校学生而言，监督工作有助于端正其学风，防止其在创新教育活动中误入歧途，给个人、家庭及社会带来负面影响。高校同时也应对监督者进行监督，从而营造民主、开放及自由的文化氛围，鼓励师生等相关主体树立治理学校的理念，使人人都参与到高校建设管理中来。

二、激励动力机制

在我国，高校开展的创新教育多为政府的驱动，但是在教学环节的设置及企业参与的内在利益诉求方面，市场也发挥着重要作用。因此，高校创新教育既源于政府的驱动，又需要市场导向的延伸。

高校在创新教育系统中的作用尤为重要，它具有显著的教学科研资源及人才优势，不仅传授学生知识，而且承担着全面育人的责任。高校可以培养

学生良好的道德品质，使其树立社会责任与担当意识，同时还能够提升其分析解决问题与创新的能力。这些都是学生群体适应社会需求所必备的综合素质。因此，对于高校创新教育而言，其动力既有内生的，又有外生的。高校创新教育激励动力机制可以被看作推动高校创新教育良好运行与实施推广的各内外要素间相互联系与作用的互动机理。

（一）激励动力机制的运作机理

高校创新教育的顺利运行离不开激励机制的作用。激励机制可以激发教师的创新教学科研热情与主动性，进而鼓励学生做出创新行为。高校为了提升教师的教研积极性，可以将创新教学的实践指导考核指标划入绩效考评之中，将考核结果与教师职称晋升评定联系在一起，同时对指导学生开展创新实践活动取得一定成绩的导师进行奖励，从而调动其教学积极性；另外，高校还应注重对学生的创新激励，有关部门应当优化政策，建立良性的自主创新政策环境。高校应改革学籍管理决策制度，推行弹性学分制，让学生可以在具有较大弹性的学习时间内安排学习与创新活动，实现学工交替，分阶段完成课程学业；同时要发挥学生创新的主观能动性，给予其自主发展的机会，对于那些在创新竞赛中获奖的学生进行一定的奖励补贴。

高校需要建立以素质为导向的考核激励机制。首先，高校可以对学生的创新项目参与度与贡献度进行评定，然后运用综合答辩的考核方式进行综合评议；其次，可以将创新项目的阶段性成果作为考核标准。这既对学生的综合素质提出了更高的要求，同时也体现了创新项目的特色指标。高校可以设立创新教育基金以健全激励机制，要科学评估教育质量与水平，对表现突出的学生给予奖励。同时，可以将学生参与的课题研究、科研实验项目及创新项目等成果转化为相应学分。高校与学生的协同既要求高校统一领导、开放融合及全员参与，又要求高校将创新教育的改革推进放在教育发展的突出位置，落实其主体责任，成立工作领导小组，由校长担任组长，由主管副校长担任副组长。同时，高校应呼吁全体师生积极参与到创新项目中，加强各主体间对创新教育的沟通交流，以营造一种浓厚的创新氛围；另外，各高校面对当今严峻的就业形势，应积极响应国家政府的号召，组织和培养学生参与创新竞赛，邀请成功的知名企业家进入校园分享成功的创新经验。高校在推动创新教育运行过程中，应建立完备的激励机制，保持与国家政策导向相一致，同时要符合企业的人才需求目标，培养社会所需的高质量应用技术型人才。

政策激励的协同是激励动力机制中的一部分，它注重创新政策的可操作性及各项政策间的关联性。推动高校创新教育需要调动各方积极性，需要政府在政策方面给予有力支持。同时，各级政府部门应当通过构建经济、教育及文化等多部门协同的工作机制，对现有的政策进行梳理总结，实现信息的及时反馈，为保障创新教育提供强有力的政策支持。高校应出台相应的协同政策，构建激励机制，加强创新师资队伍的建设，组织参与创新竞赛；鼓励师生协作创新，将校内校外的创新资源进行整合汇聚，为创新教育工作的开展提供政策支持。创新政策在高校毕业生的创新指导服务中具有重要的激励引导与制度保障的功能。政策激励的协同包含了不同主体间的政策协同及政策先后协同。政策激励的协同可以充分发挥政策的作用。另外，政府在制定政策时应充分考虑高校毕业生与其他社会群体间的创新行为之间的差异，要针对性地为其提供指导建议。

（二）激励动力机制构建的基本原则

高校创新教育的动力来源是多元化的，受到师生、高校、政府和社会机构等多方的综合影响。因此，高校在构建激励动力机制时应遵循一定的原则，确保各方管理决策主体可以相互配合、方向一致，将创新教育的力量发挥到极致。从高校创新教育的内涵及要素特点入手，提出高校创新激励动力机制构建的三个基本原则。

1.维护各方动力的动态平衡

这其中包含了两个层面，一是各方动力主体对于推动创新教育程度要相互适应；二是推动的方向要相互一致。遵循高校创新教育的发展规律，走科学发展的道路，是维持创新教育过程中各方动力动态平衡的重要保障。无论是宏观角度还是微观角度，师生、高校及政府间都应形成一种良性协调的关系。纵使各方主体的出发点、关注点有所不同，但是只要确保各方能够在推动创新教育的力量适度，并在方向上保持一致，便可达到一种动态平衡的理想状态。

2.协调各方动力间的培育转化

高校创新教育的运行离不开各方动力主体的共同努力，各方动力的重视发展离不开精心地培育与转化。从宏观角度来说，培养学生全面发展的方法有很多，但是若想使得以政府转型升级为导向的动力融入高校创新教育中，就必须对其进行政策引导与资源的合理配置。而从微观角度而言，学生针对自身综合素质和能力的提升的方式有很多，但若要使得高校推动创新教育的动力通过特定途径转化为学生自身的动力因素，则必须开发培育出合适的动力载体。这种动力载体既要有显性，又要有隐性。对于高校创新教育来说，显性的动力载体有政府的鼓励政策、高校的奖惩规定及政府与社会机构提供的经费物质支持等；隐性的动力载体包括大众对创新行为的认同与尊重以及鼓励学生参与创新的校内文化活动等。只要能够使各层面主体参与到创新教育工作中，对其动力进行合理地引导、强化与推进，便可使高校创新教育的运行实施达到最佳的状态。

3. 防止各方异化发展

对于高校创新教育的动力，一旦调控不准确，或者力度与方向把控不恰当，就极易产生异化现象。因此，高校在坚定创新教育发展目标时，要始终牢记追求自由全面发展的育人理念，并在此基础上形成特色的课程理论教学与科研实践相结合的人才培养模式。高校还可结合各方动力主体的建议策略，进行沟通交流，深刻总结认识创新教育的发展规律及本质特点。

（三）完善激励动力机制的策略

1. 政府可采取的策略

创造良好的创新环境需要国家和政府在资金与政策方面给予全方位支持。政府在高校创新教育协同机制中发挥着主导作用，可以从以下三个方面来完善高校创新教育激励动力机制。

（1）从国家层面上制定高校各项创新教育协同运行的新政策

政府可以积极引导企业和高校参与到创新教育活动中。我国应以政府为主导，制定多维协同的创新教育模式的激励制度。在多维协同创新教育的运行过程中，高校是实现创新路径的主体，而政府则是创新制度的主体。制度的创新可以推动路径的创新。政府作为资源的调配者，应制定有利于学生创新发展的激励政策，以降低学生创新风险，提供一定的资金保障。例如，政府可以制定多维协同的育人制度，促进人才培养体系的建立；也可以设计规划创新课程，调动各方主体参与创新的积极性。同时，政府还应重视通过管理及资源配置等手段，积极协调处理好高校、企业和政府三方主体间的关系，促使创新教育合作的顺利进行。

（2）建立健全创新的法律法规及政策，鼓励高校毕业生自主创新

政府可以协助高校创办创新竞赛，为学生提供沟通交流的平台，为一些优秀的创新项目提供资金支持，以优化社会创新环境；也可以设立创新项目资金。创新教育的运行离不开外部环境的支持。因此，政府需要优化创新环境，

设立创新基金，利用财力、技术等资源优势助力高校创新人才的培养，拓宽创新渠道，确保高校毕业生所创办的企业能够健康成长。从国家层面角度考虑，政府要重点对学生创新项目进行扶持，设立创新专项基金作为学生创新活动的启动资金，同时也可设置学生创新培训资金补贴。

（3）加大对创新知识产权的保护力度，保障创新学生群体的合法权益

对于企业而言，政府可以让企业导师进入高校为创新的学生提供指导性意见。同时，倡导与鼓励高校将产业部门的人才需求反馈到教学科研的规划中，有针对性地对高校创新人才进行培养；与企业积极合作，完善校企协同人才培养的模式；在前期产学研相结合的基础上，推进全面协同育人工作，将服务于经济社会发展作为人才培养的目标方向。政府也应引导与鼓励校企联合培养的创新人才充分利用高校与企业的教学资源与环境。

2. 企业可采取的策略

企业在高校创新教育激励动力机制中发挥着支撑作用。企业是技术的应用者、追求利益的最大化者及创新成果转化的推动者。企业通过发挥创新教育的作用，达到获得人才、财力及技术的目的，从而降低成本，增加收益成效。企业可以配合高校参与创新项目。同时，也可以反馈参与信息。企业的责任包括拓展市场技术、转化科研成果及提供技术等。

3. 高校可采取的策略

对于高校而言，可以从以下四个方面完善高校创新教育激励动力机制。

（1）健全创新教育课程体系，使课程更加体系化与系统化

高校学生的创新素质与意识的培养离不开创新课程的指导。因此，高校应当完善创新教育课程体系，使课程更加体系化与系统化。为了解决创新教育超过专业教育界限的这一问题，高校要对教学理念进行改革，应注重基础性的教育，将创新教育的基础性教育与学科专业教育紧密联系起来；要积极开展教学科研实践活动，安排教学进度与步骤，通过创新导师的经验传授，增强创新学生对创新的决心与信心；同时，可以为学生创造良好的创新环境，激发学生的创新潜能，使其产生一定的创新动机，并投入创新的实践活动中。

（2）将创新教育纳入人才培养计划中

创新的人才培养是一项系统复杂的工程，需要政府、企业及中介机构多方协同配合。其合理高效的运行不仅有利于大学生创新知识的增长及技能的提高，而且有助于创新教育的发展，更有利于提升大学生创新的核心竞争力，对于创新型人才的培养也起到一定的促进作用。所以，高校应将创新教育纳

入人才培养计划之中，重视实施创新教育。

（3）建立科学合理的组织机构

科学合理的组织机构是高校创新教育的组织保障。该组织机构的建立应遵循全面覆盖、统一指挥的原则。高校应当在校级层面设立高校创新调控中心，以统筹创新教育的指挥工作，同时负责全校创新师资力量的培训、分配与调度工作，实现各方主体间的合理有效沟通；应在二级学院应设立创新办公室，并将之作为师生与高校间的联络中转站；还应在创新办公室下属机构设立创新发展中心及实践部，强化学生的创新实践能力，加强专业实验室与训练中心的设施建设，通过多种形式的教学活动激发学生的创新激情，提升其自我认识水平。

（4）培养高质量的创新师资队伍

创新教育的推广与高质量的师资队伍建设密不可分，创新课程应当作为一种指导服务，指引学生的行动。高校应引进创新教育方面的人才，加强师资队伍的创新能力培训，在条件成熟的情况下，聘请校外创新教育专家开设教学课程，建立一支专职与兼职相结合的高质量创新师资队伍。同时，引导学生转变就业观念，为创新做好充分准备。创新是一种自我价值的体现，是一种高质量的就业形式。同时，创新的过程充满未知与艰辛。所以，高校应提高创新学生的管理决策与人际交往能力，使其能够充分认识和科学评价自身，从而激发潜在的创新能力。

三、调控机制

高校创新教育在运行的过程中有多个行为主体的参与。而各行为主体会因自身利益、情感及认知的不同在运行过程中产生行为冲突，阻碍高校创新教育的发展进程，产生难以解决的问题与矛盾。要保证高校创新教育正常的运行实施，就必须进行合理调控。

高校创新教育调控机制可以被理解为其内外各要素通过制订目标、合理定位及发挥作用等解决运行过程中出现的矛盾与问题的机理。调查运行情况与调整目标是高校创新教育调控机制的核心任务。该机制可以对运行状态进行合理的评估，以确保及时发现运行中存在的矛盾与问题，保证问题可以得到快速解决。

（一）调控机制调查评估环节

对于高校创新教育运行情况进行科学调研及对矛盾与问题进行准确判断

是调控创新教育运行过程的工作内容的重要组成部分，而建立调控机制的重要前提便是设计科学合理的运行情况调查环节。设计调查评估环节的重点在于明确调查评估环节的主体、调查评估环节的对象及内容，以及调查评估环节的途径及方式。

在设计运行情况调查的环节时，涉及的学校部门以及实践教学活动较多。因此，必须明确调查评估的主体、明晰其责任，从本质上对高校领导机构的决策进行干预、指导和管理。这样做可以为资源合理配置打下良好的基础，促进创新教育快速发展。同时，为了提高解决矛盾与问题的效率，工作领导机构和专家委员会内部应分别设立调查与评估的执行部门。这样不仅可以提高反馈效率，而且能够保证评估机构的权威性。同时，为了保证评估反馈信息的客观性，还可以引入校外第三方调查评估机构。这是对评估工作的一大补充。三方的工作性质在一定程度上较为相似，但是侧重点各不相同：领导机构设立的调查部门主要从创新教育的宏观层面着手，负责整体投资与资源调配；专家委员会设立的评估部门更侧重微观角度，例如师生的建议策略及教学科研活动的设计；校外第三方专业评估机构则侧重创新教育的整体运行情况，使创新教育达到期望的目标。

完善的评估环节需要对主体进行定期的综合评价，既包括对政府是否能够充分利用自身职能协调各方利益，推行政策实施的评价，也包括对企业是否可以为创新学生提供成熟的实践基地的评价，以及对中介机构是否为学生制订了完善的创新服务体系的评价。只有对各主体进行定期核查，才能端正、检验其工作态度，对各参与主体起到监督促进的作用。

创新协同评价机制是调控机制中的一个部分，有助于提高创新教育机制运行效率。首先，高校在实践教学科研效果评价的机制下建立创新教学效果评价机制，可以有效地评价校内师生，提升教学科研效果，并逐步提高专业实践教学的质量；其次，企业与高校可以协同推进创新教学评价，将教学质量与教学报酬、评优及职务晋升联系起来，激励企业单位重视创新教育的运行。

创新教育质量考核评估机制是调控机制的另一个组成部分，它可以通过对创新教育的实施水平与效果进行及时反馈，对教育活动做出价值评估，进而提高学生的创新技能与素质，对于优化创新教育以达到价值增值的目标具有推动作用；有助于约束和规范各方主体的协同关系，是维持协同关系的制度保证。构建新型的考评机制有利于激发企业参与高校创新教育的积极性。

一方面，在外部考评上，上级政府部门将创新教育的质量作为教育质量的重要指标，同时要求第三方机构对其进行绩效评估，接受公众的监督；另一方面，在内部考评上，协同双方应立足资源调配和项目执行等方面进行绩效评估，明确各方的权力职责，逐渐健全跨界协同关系下创新教育体系的管理制度。科学有效的评价体系对于协同育人的过程及环境具有重要意义。创新教育协同育人环境的考核评价内容包括高校毕业生创新法律法规、创新扶持制度政策及创新咨询机构的数量等。协同育人的教学水平评估包括课堂与实践的教学评估。课堂教学评估包括核心课程规划设计评估及教学方法评估；实践教学评估包括校内实践教学评估和校外实践教学评估，具体评估内容为创新竞赛、实践活动及论坛的举办成效等。考核评估的内容要全面。不仅应对创新教育活动的结果进行评估，而且要对活动的过程进行认真监测。定性与定量研究相结合的方法可以作为评价的一项绩效指标。

（二）调控机制的协调完善环节

调控机制可以利用高校创新教育调查评估主体所得到的反馈信息，协调各方主体对工作规划与行动。由于调控机制的调查评估环节所涉及的部门众多、在此过程中会涉及跨部门合作，因此，可以从组织和制度这两个层面推进高校创新教育。

跨部门合作的首要问题是各方利益的不平衡以及目标不一致。一旦两个部门间缺乏协作和沟通，就会影响整个创新教育的成效。因此，结合我国高校的实际情况，我国需要成立一个富有权威性的管理组织来对跨部门协作过程进行管理。该组织的职能便是打破部门之间的合作壁垒，加强部门间的交流沟通，最终实现行动的统一性。同时，高校领导及相关职能部门的加入，不但可以增强协同合作管理机构的权威性，而且有助于对教育资源的争取以及部门间的沟通交流，更能使得领导机构与各部门院系间达成共识，促进工作的贯彻落实。

多部门间的工作交叉将导致跨部门协作的效率低下且极易产生矛盾与问题。为了消除由这种模糊工作职责造成的合作障碍，一要明确各部门在协作过程中的职责权限，利用协商性的工作文件与会议将分工制度化；二要明确职责主体的工作，加强难以划分职责权限的部门之间信息交流的联系及拓宽信息反馈渠道，以减少和化解工作矛盾。

科学合理的组织框架可促进高校创新教育调控机制的协调完善，同时，在制度方面，还可使工作更加稳固。高校创新教育跨部门协作的可持续化、规范化，既要求有规章制度的刚性保障，又要求有文化交流的柔性保障。

从跨部门的刚性保障角度考虑，这样的方法无法保证高校创新教育的稳定运行。只有构建出协作部门都认同的规章制度，以强有力的手段进行规范，当再遇到矛盾问题时，才能确保协作的可靠性与持续性。高校创新教育跨部门协作的制度需要强制力加以保障，因此，首先应明确协作制度制定机构。高校创新教育工作领导机构与专家委员会作为两大决策主体，可以根据相应的决策范围和侧重领域对协作制度进行制定；其次，两大决策主体应在制订协作制度方案时充分了解双方意愿，加强沟通交流，建立一致的制度目标体系；最后，在充分了解和调研各职能部门及科研教学机构的基础上，两大决策主体应协调共同建立制度执行的监督机制，通过预警等强有力的手段将协作制度落实到位。

从跨部门的柔性保障角度考虑，文化交流应当以共同的价值取向和理论信念作为基础。一方面，各部门应以相同的价值取向为纽带，从整体利益最大化的角度出发，制订自身的行为目标；另一方面，可以构建更多的良性沟通平台和协作机制，拓宽交流沟通渠道，创造更多的常态化对话机会，做到资源共享、信息互助，营造一种良性和谐的文化合作氛围，以培养部间的默契。在此过程中，也可增强各部门的合作意识，建立长期有效的互动信任机制，这有助于构建协作文化生态，满足共同的价值理念与目标追求，增强部门成员的向心力与凝聚力，对于高校创新教育的未来发展具有重要意义。

第三节 高校创新教育协同机制的保障体系

一、教师队伍保障体系

教师是创新教育的主要实施者。学生对于创新理论知识学习和实践训练离不开专业教师的指导，创新教育相关目标的达成离不开教师的教学实践。

关于教师队伍建设，创新教育有两方面特征：一方面，由于创新教育开展较晚，所以在初期推行创新教育过程中会出现教师缺乏的情况；另一方面，创新教育必须做到理论联系实际，必须要有理论授课教师和具有丰富创新经验的教师。鉴于这两个特征，创新教师队伍保障体系建设的内容应该包括构建一支结构合理的专职教师队伍和一支兼职教师队伍、加强创新教育师资建设。

（一）构建一支结构科学合理的专职教师队伍和一支兼职教师队伍

推动优秀的创新教育教师团队建设是发展创新教育的前提。教师是促进该教育发展的主要力量，在课程研究、教学方式改进、教学成效提升等方面起着重要作用。

1.专职教师队伍建设

高校需要一支专门钻研创新教育及相关领域的师资团队，对教学理论进行深入研究，以探究学校开展创新教育的现状、问题以及解决对策，探究高校创新教育发展规律和趋势，为高校创新教育变革、实施提出科学的、权威的、有效的理论依据。该师资团队需要分析目前的就业形势和创新形势，探究就业规律和创新政策，总结有效的创新办法和技巧，从成功案例中总结创新者的必备素质，推动构建创新教育理论体系，编写出实用的学科教材等。高校创新教育专职教师队伍主要包含两类人：一是专门探究创新教育的教师；二是探究与创新教学密切相关领域的教师。

一方面，高校应促进创新教育学科发展，搭建师资培训平台。创新教育的目标、教学内容和形式是独立的，因此，专职教师团队培训也应是独立的。高校应鼓励有创新教育研究经验的专家开设创新教育课程。这样不仅可以逐步促进创新教育的发展，提出利于创新教育实行的建议，而且可以培养出理论知识渊博的博士和具有创新实践本领的硕士。另外，高校还可培训专门教学人员以组成高水平的创新教育教师队伍。

另一方面，高校应搭建创新教育教师进修培训平台。创新所需要的知识包括社会学、政治学、经济学、管理学等多领域的知识。所以，高校创新教育与社会学、政治学、经济学、管理学等学科以及思想道德教育都相关。优秀的教师队伍对大学生创新能力的培养起着重要作用。但是当前高校中既有创新理论知识又有创新实践经验的专业教师是十分稀少的，这是一个阻碍高校创新教育深入发展的重大问题。所以，提升创新教育教师质量、组建优秀的教师团队是目前迫切要解决的问题。在开展创新教育的初期，高校可以为教师提供进修培训的机会，让他们参加一定的基础知识理论培训，充分适应创新有关科目的教学要求。为了提高师资研究能力，高校可以鼓励教师参加国家级的创新培训会、地区论坛会、研讨会，选派优秀的教师出国访问学习；

为了丰富教师的创新经历，高校可以实施"产学研一体化"模式，使教师参与到企业的经营治理中去。

2.兼职教师队伍建设

高校除了需要组建一支知识渊博的专职师资团队外，还需要建设一支实践经验丰富的兼职教师队伍。兼职教师队伍建设需要引进具有创新能力的教师，聘请国内外具有创新实践经验和丰富理论知识储备的全能型人才，如企业家、创新成功者等。他们作为高校创新教育的兼职教师，主要以开展专题讲座的形式教育和指导学生，提供直接经验，让高校学生能够了解到更多有效的经济管理知识和办法，提高学生的创新热情和创新能力，进而使他们未来创新更加顺利。高校创新教育兼职教师队伍主要包含两类人：一是其他学校研究创新教育的教师；二是有丰富创新经验的公司和政府职员。

3.构建区域创新教育教师共享体制

一些高校自身可能会存在专业教师不足的情况。此时，高校可以联合本区域其他高校建立创新教育专业教师资源库，建立师资共享机制，以开放的心态灵活机动地利用本地区优秀的教师资源。这样做，各高校不仅可以利用学校之间师资的资源共享机制来解决教师缺乏的问题，而且可以充分了解到其他高校创新的优点和特征，提高高校创新教育的水平。此外，高校可以作为带头人，联合本地区政府和企业，建立创新教育校外实践基地，聘请有丰富经验的公司及政府职员担任实践基地教师，用自己的经验引导学生，提高学生的创新实践能力。

（二）加强创新教育的师资建设

教师是开展学校创新教育的主体之一，承担着培育人才以及提升大学生创新实践能力和创新积极性的责任。创新教育的教师团队质量会对创新教育产生重大影响。组建一支具有创新思维、丰富实践经验和专业理论知识的教师团队是保证创新教育教学效果的核心。借鉴国内外高校创新教育教师团队建设的先进经验，并联系我国高校实际情况，可以从以下几方面加强创新教育的师资建设。

1.设定严格的创新教育教师的聘用条件

高校在组建创新教育队伍时，要挑选各方面水平都比较高的教师，可以在学历、专业、创新经验等方面设定严格的准入条件，既要看重教师的创新教育理论知识，又要看重其创新实践能力；既要重点考查教师的创新思维能力、教学水平、知识储备和实践能力等方面，又要考查其最基本的思想道德品质，提高人选门槛，挑选出一支高质量、优秀的教师团队。

2.优化创新教育教师团队结构

首先，高校应组建高质量的专职师资团队，建立创新教育教师培训制度，组织教师参加国内外培训活动并鼓励教师去企业挂职获得实践经验，尽力为创新教育教师提供优质的学习环境；其次，应充分利用本校各专业教师资源，组建一支拥有不同专业知识的教师队伍来开展教学活动，使创新教育师资团队结构更趋于合理化；再次，应重视挑选和培养优秀的创新教育教师。依据严格、公平的准入条件，选拔出一支高水平、高质量的优秀教师队伍；最后，应组建一支经验丰富的兼职教师队伍，聘请创新成功者、企业职员、风险投资者、经管类专家等担任兼职教师，弥补高校实践型教师的不足，向学生传授创新实践经验和技能，为他们提供支持和帮助。

3.建立系统的创新教育师资培训制度

优秀的教师团队是创新教育的基础。挑选和培训教师是组建高水平师资队伍的唯一办法。创新教育对教师提出了更高的要求。教师需具备创新基础知识、创新经验和创新能力。强化创新教育教师培训、提高教师的综合素质是促进创新教育深入发展的关键。高校需要使教师团队从目前的知识型、传授型向创新型、多样型转变，重点训练教师的创新思维和实践技能，让他们探究出提升学生创新意愿和思维能力的办法。为了实现培养出具有创新素质的学生的目的，高校一方面要鼓励优秀的教师参与创新实践或者独立创新，让教师充分将理论和实践联系起来，提升其教学和实践的综合能力；另一方面，要尽力组织多种创新实践活动，创造让国内外创新教育教师之间相互交流和探讨的机会。教师需要接受专业化的全面培训，还需要参加各种研讨交流会、成功案例分析会和创新经验会，提升全方位的能力。

4.建立系统化的创新教育培训制度

一方面，高校要拓展创新教育教师的培训途径。各高校可以定期邀请国内外专家学者到本校开展创新教育专题讲座，为本校教师和外校教师更好地进行交流学习提供更多的机会，让本校教师学到更先进的教育理念和经验；每年选派优秀骨干教师参加国内外举办的创新研讨会和培训会，让他们学习到目前最新的创新教育理论知识和了解到与创新有关的一线动态；派优秀教师到企业挂职工作，坚持理论和实际相结合的原则，让他们从具体实践项目、企业运作管理等工作中，获得创新实践经验，然后将在企业实践中学到的知识传授给学生，不断丰富教学内容；另一方面，应增大培训强度，提升师资队伍的整体质量。首先，要与时俱进，定期更新创新有关理论知识，并扩展教师多方面的专业知识，如经济、管理、法律等方面的知识，提高其综合素质，培养其综合运用知识的能力；其次，鼓励教师研究创新教育理论，使教师在研究过程中逐步完善创新理论，提高教师创新思维能力；最后，提高教师的创新实践能力。为了丰富教师创新实践经验，高校应该为教师们创造更多的实践条件，尽力解决他们在创新实践过程中遇到的问题，提高教师创新积极性，让所有的创新教师都敢于创新和实践。

5.完善教师考评和激励机制

高校应对教师进行职业道德教育，提高其创新教学的积极性、主动性和责任意识。不但要多开展教师培训活动，强调创新教育对国家未来发展的重要性，而且要借助网络、校报期刊等宣传工具，营造一种积极的创新氛围，增强大家对创新教育的认同感，增强教师工作的成就感。

高校还应完善教师考评和激励制度，提高教师对创新教育工作的积极性。绩效考评要依据创新教育的特点，综合运用定性与定量的办法来考查教师的创新意识、研究能力和教学水平等。高校应制定明晰的激励制度，为取得优异成绩的教师提供一些物质奖赏和精神表扬；并为从事创新教育研究和创新实践的教师提供实践基地和资金支持。这些物质保障有利于吸引高质量的师资力量和确保创新教育的顺利开展。

二、质量管理保障体系

我国高校要建立以加强创新教育评估为重点的创新教育质量管理保障体系，按期考评高校创新教学组织状况与教学成效，随时监测并对其实施情况进行考评，为提高教学质量提供科学依据。

（一）创新教育教学组织状况评估

高校创新教学组织状况的评价内容主要集中于高校对创新教育的重视程度和各方面的投入情况。评价高校创新教育教学组织情况是深化教育改革和提高教育质量的前提。创新教育教学组织状况评价的关键是选择科学的考评指标。一般来说，考评指标可以分为投入、过程和效果三个方面。投入方面的考评指标主要涉及创新教育的各方面投入状况，包括政策保障、教师队伍投入、资金投入、管理人员投入、基地建设投入等方面；过程方面的考评指标主要涉及创新教育具体课程安排、教学方法、教学服务保障、组织管理等方面；成果方面的考评指标主要涉及学生理论学习成绩、能力状况、实践技能等方面。

1. 政策保障情况

政策保障情况不仅包括高校对创新教育的行政支持情况，例如：是否组织成立了创新教育任务领导小组，是否及时处理了与创新教育有关的各项工作；而且包括高校对此类教育的学术支持情况，例如：是否建立了创新教育学术研究的激励制度，是否组建了创新教育专家小组，是否为创新教学质量的提高提供了坚实的政策基础。

2. 教师队伍投入情况

教师队伍投入情况不仅包括本校创新教育专职教师和兼职教师的人数，而且包括优秀教师数量占全部教师数量的比例，拥有博士学历的教师所占的比重和正、副教授所占的比例。

3. 资金投入情况

创新教育能否顺利开展的核心是资金的投入。高校创新教育资金投入由两部分组成，一是基础资金投入，即创新教育研究资金的投入；二是重点资金投入，即创新开展教学活动的资金投入。其中，开展教学活动的经费主要包括显性课程和隐形课程管理运行的资金投入，也包含对优秀人才投入的资金，如补贴优秀学生参加创新实践比赛所需的花费、创新项目研究经费等。

4. 管理人员投入情况

创新教育管理人员范围很广，即创新教育体制中除了教学人员以外的所有人员。他们主要从事创新教育的隐性课程的相关工作，例如，判定是否建立专门的创新教育管理机构，管理创新教育的职员数量等。

5. 基地建设投入情况

基地建设包括创新教育埋论研究基地和创新教育实践锻炼基地。埋论研究基地是建立在校内的，是学生学习理论知识、研究理论的主要场所。实践锻炼基地是有创新意愿的学生实践锻炼的重要场地，该基地一般建在校外，主要由高校联合政府和公司共同建立的。基地建设投入的考评指标包括软件标准和硬件标准。软件标准包含基地配有的理论教学教师和实践指导教师。硬件标准包括创新教育基地的个数和基地能容纳的学生人数等。

6. 教育课程安排情况

高校创新教育的显性课程包括大学必修课、选修课或者辅修课，这些课程能让学生获得创新教育的基础理论知识，也包括专业课程、思想道德教育、通识课程等，有利于提高大学生创新的能力。高校应该设置科学合理的创新教育显性课程。课程内容应涉及创新理论知识、创新技能要求、当前的创新形势等。该类课程应能传授学生基础的理论知识、提高学生创新的能力、让学生了解到创新的价值所在，以及培养学生的创造性思维和调动学生创新的积极性。隐性课程是借助学校文化和学习环境影响学生的课程，关系到学生综合素质的提升和身心健康的发展。高校创新教育隐性课程是在课外开展的，需要学生从本校学习氛围中学到创新相关理论知识。创新教育隐性课程不同于显性课程，具有两个特征。一是形式更加多样，显性课程主要采取传统的教室教学方式，而隐性课程要借助于一些课外活动，能使学生通过参加这些活动学到有关创新知识和提高创新实践能力；二是隐性课程的学习过程更加轻松。创新教育隐性课程把有用的创新知识等放入到具体场景中，通过活动使之展现出来，能够使大学生在轻松快乐的环境中获得知识，并能提高学生创新学习积极性。

7. 教学方法方面

高校创新教育教学方法是指高校为了培养出具备较强烈的创新意愿、熟知创新理论知识和具备实践能力的学生，在教学过程中采用各种办法使教学目标转变为教学成效。创新教育可采用传授与启发研究相结合、理论与实践相结合的教学方法，也可采用实践教学法、理论传授法、案例教学法、启发教学法等教学方法。

8. 服务保障情况

要完善创新教育服务保障体系，需要做到以下三点。第一，创建大学生创新指导服务中心。指导服务中心一方面可以向创新实践队伍提供经费、场所和人才等支持；另一方面可以强化大学生与企业之间的联系。所以，各学校应结合本校具体情况，设立专门的创新指导服务机构，以便对创新的学生和创新项目提供一对一帮助服务并给予及时指导，时刻关心他们的未来发展趋势；对于创新失败的学生要帮忙分析问题并找出对策，鼓励他们继续努力。第二，创建创新教育实践基地。高校应该为学生提供一个将想法转为现实的场所，创建设施齐全的创新教育实践基地，且应在建好创新教育实践基地后，充分利用其实践功能，向全校师生宣传，增加受益群体数量并进一步完善其管理制度。第三，创建创新教育信息化服务平台。学校应充分发挥网络和图书馆强大的宣传信息的作用。可以在图书馆设置一个为学生提供创新教育系列书籍的专门书架，在书架上面摆放整理好有关创新方面的书籍和期刊，且应实时更新有关创新类的文献资源，让师生享受到各方面的信息服务。此外，当前是"互联网+"时代，人们获取信息的重要途径也是通过网络。构建网络化的信息服务平台，可以让高校师生更加方便快捷地获取到更多和更加准确的创新政策、相关讲座、典型案例等资源，充分发挥图书馆和网络的学习功能。

（二）创新教育教学效果评估

开展创新教育是为了增强高校学生创新意识和提高学生创新能力，让他们树立正确的价值观并积极主动地尝试在多个领域进行创新。增强学生的创新意识、提高学生创新能力是实现创新教育目的的关键所在。开展的所有教学活动是否达到教育的目的、能达到何种程度，是高校创新教育的教学效果。简单地说，评估教学效果即判定接受创新教育的学生的创新的意识、积极性和能力是否强于未接受的学生。所以，大学生创新教育教学效果必须和创新教育目标相对应。

鉴于直接评估大学生创新意识和创新能力比较困难，为了更加科学合理地评估大学生的创新意识和创新能力，本书提出创新意愿和创新自我效能感这两个概念。创新意愿指的是学生是否有创新的想法和主观态度，反映了大学生对创新的积极性的高低。与目前的高等教育系统中的专业教育不同，高校创新教育是帮助学生树立正确的价值观，提高他们创新的积极性，并使他们有信心参与实践创新活动，是培养大学生创新性、独立自主创新意识的教育。高校创新教育在传授创新理论知识的基础上，还要丰富教学形式，更新教学方法，拓展学生的思维，增强大学生创新意愿，培养大学生的创新性思维和主动性意识。对于每个学生来说，培养他们创新独立主动的意识是为了使他们形成独立、创新的思维，帮助大学生明确自己的主体角色，激励他们充分发挥个人主动性和潜力去提升自己的价值，获得显著的进步和发展。

创新创业教育自我效能感是自我效能感在创新创业领域的运用，它的具体含义是个人对自我是否可以实现创新创业目标的判断，反映了个人对自我创新创业能力的肯定程度。创新创业教学效果评估者可以利用问卷调查的形式，考查大学生个人创新创业意愿、个人对自我创新创业能力肯定程度的创新创业自我效能感以及大学生的创新创业积极性和创新创业能力，从而可以进一步揭示出创新创业教育教学的成效，还可以对学习过创新创业教育有关课程的学生的调查结果进行性别、年龄等基本变量的差异分析，探究不同年级、年龄、家庭环境和背景、专业、性别等大学生在创新创业教育课程中的学习状况，并根据这些数据分析，针对不同学生采取不同的创新教育形式，提高创新教育质量。

三、制度环境保障体系

尽管教育环境对教育的影响是潜在的、间接的，但它对教学效果产生的影响是不可小觑的，是高校创新教育协同机制保障体系中必不可少的一部分。创新教育环境是指良好的学校创新氛围和支持创新教育发展的制度环境，是全校师生身处校园中可以感受到的有关创新的意识形态、价值规范。教育环境包含学校基础设施，如教学楼、图书馆、食堂、宿舍楼等；学校环境构造，如绿化设计、建筑风格、校园规划等；学校规章制度，如管理制度、发展规划等；精神文化，如校史、校训、学习风气等。高校创新教育制度环境保障体系是指一个有利于创新教育开展的环境保障体系。

（一）高校创新教育环境的作用分析

教育环境主要具有以下三个作用。这三个作用对高校创新教育环境中的全校师生产生着巨大影响。

1.教育环境的价值引导作用

新一代的大学生一方面更倾向于关注具有新时代特点的新观念和事物，不同于其他年龄阶段群体，大学生能更快接受新观点和事物；另一方面，大学生正处于青春期，心态非常不稳定。他们的意识形态还没有定型，很容易受周围制度环境的影响。针对这些特点的大学生群体，高校应充分发挥教育环境的价值引导作用，在大学生身处的环境中宣传创新的价值观念和意识形态，将有利于培养其创新意识和精神，有助于提升大学生对创新的积极性，从而间接提升创新教育教学的成效。教师应重视自身的发展，并能认真遵守学校管理制度和贯彻落实学校有关政策，能帮助营造一个支持创新教育发展的制度环境，对开展创新教育教学活动产生积极影响。另外，将创新有关要素融入学校学习氛围中，也可以增强教师对创新教学工作的责任感，为教师开展创新教学活动起到价值引导作用。

2.教育环境的目标引导作用

教育环境具有明确的目标引导性，能够对全校师生起着引导作用，教师和学生更加偏向于将高校发展目标和教育目标紧密结合起来，所以教育环境中高校的目标引导作用会使个人的意识形态发生变化。一旦高校利用校园的目标引导功能将创新教育的思想观念等融入高校教育环境中，就会逐步使全校师生自己目标与高校发展目标一致，进一步激发创新教育中学生学习和教师教学的热情。

3.教育环境的资源集合作用

教育环境不仅具有价值引导和目标引导的作用，而且可以增强教师对创新教育教学与学生创新教育学习的成就感和认同感，在学校中形成强大的凝聚力，指引身处教育环境中的领导者、管理者、教师和学生全部投身到创新教育中，为创新教育的顺利开展集合重要的物质和人力资源，保证创新教育各个环节稳定开展。

（二）高校创新教育环境保障体系的构建

依据创新教育的特征，以及创新教育环境的生态学概念，本书认为，构建创新教育环境保障体系必须保证其体系的协调性。高校创新教育涉及很多方面和很多要素，是一个复杂且综合的系统。创新教育环境与其环境中的实施者和接受者之间存在相互影响和相互作用的关系。要保证高校创新教育顺利开展，就需要保证整个教育环境的协调和稳定发展。根据协调性的要求，高校应以相关政策为方向、以环境监测为方法、以资源配置为重点、以教学研究为基础，构建双向发展的创新教育环境保障体系，并应分别从物质方面和精神方面推动高校创新教育环境保障体系的建立。构建创新物质环境是为了保证创新教育的顺利实施，构建创新精神环境是为了提升创新教育的成效。具体措施如下。

1.高校应采取的措施

（1）制定创新教育激励政策

高校应针对创新教育体系中的管理人员、教师等人制定出台相应的激励政策，从职称评定、职位晋升、绩效奖金等方面提高其积极性。制定针对创新教育体系中的管理人员、教师等人的激励政策，可以从考评其对创新教育物质环境和精神环境的功能入手。对于创新教育体系中的学生，高校可以通过记录学分、颁发奖学金、给予荣誉奖励等方式调动学生的热情。通过激励创新教育生态系统中的实施者和接受者，增加创新教育服务的供给数量与提升其质量以满足社会发展需求。创新教育生态环境供需双方应坚持供需平衡的原则，共同努力使其向更好的方向发展。

（2）实时了解教育环境现状

创新教育并不是一项短期工作，而是一项贯穿整个培养过程的任务。针对此项任务，高校必须建立物质环境和精神环境的监测制度，组建一支专业的教育环境监测团队，利用实地访问、问卷调查、个别访谈等方式，多方面地了解物质和精神环境的现状，实时地将这些信息告知创新教育管理部门和研究部门，并针对不同的情况提出相应的解决办法，保证该教育环境能长期有效地促进教学活动的实施。创新教育环境的监管和监测工作不仅要包括对物质环境的监测和监管，而且要包括对精神环境的监测和监管。物质环境的测评主要采用实地访问和调查的办法，精神环境的测评主要采用分析问卷调查数据和个别访谈的办法。

（3）合理规划环境建设投入

创新教育的资源分配要遵循合理、科学的原则。高校要做好统筹规划，对创新物质和精神环境建设的投入做出合理的考评和估计，避免出现资源分配中的资源浪费和资源不足的现象，重视创新教育环境的稳定协调发展。对于具体的创新教育资源分配，高校需要建立专门的管理机制，要从事先计划、事中调整、事后评价三方面构建资源配置的保障体系。事先计划主要是指提前估算资源投入和具体配置情况；事中调整主要是指依据对物质和精神环境的资源投入的实际情况做出适当的调整；事后评价主要是指利用相关数学统计方法剖析和评价创新教育物质和精神方面的资源投入情况和产出效果。

（4）事先预估教育环境风险

不同于其他类型的教育，创新教育是一种新兴的教育类型，目前国内对创新教育的探究还不够。高校应加强对创新教育的研究，更加深刻地认识到创新教育环境中影响创新教育中的实施者和接受者的因素，剖析出这些因素分别对创新教育实施者和接受者产生何种作用，从而事先了解创新教育环境中会对教学成果产生不利影响的因素，然后提出具体的风险防范措施和解决对策。高校还应为营造良好的教育环境建立一个专业的智囊库。加强创新教育科研工作，主要可利用课题招标与成效考评两种办法。课题招标即先根据本校创新教育开展实际情况和发展方向等提出科研课题，然后向所有有关创新的教师公开招标，积极为教师提供创新方面的科研资源；成效考评即公平科学地考评从事创新教育的管理工作人员和教师，在构建良好的创新教育环境中所做的贡献和科研成绩，引导管理人员和教师注重构建创新教育体系。不管是公开招标还是成效考评，都一定要协调好物质环境和精神环境。

2. 政府应采取的措施

政府是出台政策的部门，政府在高校创新教育保障体系中起着引导、扶持和鼓励的作用。高校创新教育活动的实施和学生的创新实践都需要政府的政策、经费与服务支持。

（1）给予政策法规支持

政府有关机构在出台政策法规时，要全面、深刻地理解高校创新教育，不能仅从促进学生就业这一方面来理解此教育，而更应该从满足市场经济需要的角度来理解，并为大学生提供有利于其创新的环境，出台相关的鼓励支持政策。

（2）给予经费支持

通过剖析限制大学生创新的因素，可以发现启动经费和后续经费的不足是限制创新教育活动顺利开展的最重要的原因。

经费是影响创新教育实施的关键因素，所以，政府要加大创新教育的经费投入，设立更多的创新基金，帮助大学生创新。政府应率先投入资金，为大学生提供贷款，加大对大学生创新的资金扶持力度，鼓励大学生创新，为他们解决资金的后顾之忧。另外，还要加大对高新技术产业的支持力度，要对其给予特殊的和优先的经费支持。

（3）提供免费培训指导服务

政府要加强对大学生创新能力的培训，提供能力培训、政策及技术咨询等免费服务。邀请国内外成功企业家、经验丰富的教授、政府相关部门中经验丰富的职员等担任大学生创新指导教师，利用教学、咨询、答疑、案例分析等方法向大学生传授相关的创新知识和技能，增长他们的创新理论知识，提高他们的创新实践能力。

（4）大力支持创新教育中介组织

政府应大力支持多种模式的非营利机构，注重对大学生进行实践引导，营造良好的创新环境，鼓励大学生创新。

政府还应动员社会力量构建独立的创新民办教育机构或与高校合作实施创新教育；大力支持大学生创新教育中介组织，并使其成为大学生在创新过程中和寻找有关企业支持、经费赞助和政策法规咨询的沟通纽带。教育中介组织要评估大学生创新所需要的资金，帮助其申请政府小额贷款，负责大学生创新贷款担保以减轻政府的负担，并为高校开展创新教育给予一定的帮助，分担教学压力，有效监督创新教育的实施状况，公平地考评创新教育的开展情况。

3. 社会应采取的措施

一个良好的社会环境才能保证创新教育的顺利开展。我国历史悠久的传统文化对培育创新人才起着至关重要的影响。全社会在继承和弘扬优秀传统文化的时候，要取其精华、去其糟粕，以营造一个积极主动、激励人们创新的社会氛围；并且引导全体社会树立人才评估指标，强调创新社会风气的重要性。要向全社会推广创新教育，就必须要开创一个以政府为核心、高校为主体，社会各界广泛宣传和推广的创新教育新局面。社会各界应积极提高创新积极性，就创新达成广泛共识，努力营造一个有利于创新教育发展的环境，促进创新教育的实施。

4. 企业应采取的措施

创新教育不单指学校提供就业服务，其目标也不仅是提高大学生自主创新的积极性和创新的能力。企业在创新教育过程中起着举足轻重的作用。高校创新教育包含理论知识培训和创新实践指导。实践指导是必不可少的环节。这一环节离不开企业的支持。企业可以为大学生创新教育的实施提供方法指导、实践场地、经费资助等支持。如今，大部分高校在创新教育的过程中都得到了企业的帮助。但是这些帮助大部分都是经费支持，而不是对大学生的真正实践指导、项目支持。所以，高校应该和企业保持长久稳固的合作关系。企业可以安排一些经验丰富的职员担任高校的兼职教师，为开展创新教育提供更多的机会，可以让学生实际做一些创新项目，助其积累一些创新实践经验。另外，企业可以发挥其宣传作用，运用其社会影响力，使人们重新认识创新教育，肯定其产生的积极作用，进而为创新教育的实施营造良好的氛围。

5. 家庭应采取的策略

在我国，家庭对大学生成长起着重要作用，深刻影响着他们的世界观、价值观和人生观，是大学生的经济和精神支柱。创新活动的开展不仅需要大学生具备理论知识、创新思维、实践能力等，而且需要家庭的积极支持。大学生的就业观、创新素质、个人性格会受家庭背景的影响。父母对创新的态度会深刻影响到孩子的就业态度。家长应积极主动去了解相关的创新政策和创新的好处，意识到大学生既是应聘者，又是就业岗位的创造者，慢慢认可并积极配合学校的创新教育，尽力创设一个良好的家庭氛围，帮助高校共同培养大学生勇敢、不怕困难、勇于进取的性格，全力支持孩子做自己想做的事情，让他们自由选择未来的发展方向。此外，家长可以办理创新小额贷款，尽力为大学生创新提供足够的资金支持，促进创新教育的顺利实施。

综上所述，我国应该构建一个以政府为指导、高校为主体，社会积极参加，企业合作支持，家庭全力支持的创新教育保障体系，并利用网络、电视、报纸等媒介广泛宣传，社会各方力量共同努力，促进创新教育的发展，把我国创新教育提高到一个更高的水平。

第五章 高校创新教育体系建构的路径

现如今，社会已经呈现出信息化、知识时代发展趋势，社会需求的人才已经不再是单一的知识型人才，而是要具备符合社会发展需求的复合型人才。随着高校教育的不断改革和深化，构建大学生创新教育体系显得尤为重要。本章对高校创新教育体系建构的路径进行研究。

第一节 培养大学生的创新精神

一、更新观念与优化内容

（一）更新创新观念

思想是行为的先导，正确的意识能够促进客观事物的发展。观念上的进步是行为上改进的前提和基础，观念上的创新将成为创新实践的先行者。然而观念的形成受客观规律和精神发展规律的制约，要以创新主体所在的时代为背景，这是合理的创新观念形成的前提。要想有创新能力创新人才，就必须有创新观念的引入，以及创新精神的培养。

（二）优化教育内容

优化教育内容要求建构现代创新教育课程体系，课程体系是大学生创新教育的核心内容，创新教育基础课程的构建，可以帮助学生萌发创新意识，探索自我创新方向。

首先，推动高校协同创新。高校作为产学研综合体中的技术主导方，在发挥技术研发主导作用的同时，还应充分地整合各种科技资源和产学研综合体内可供调度的其他资源，利用自身独特的优势，在协同创新中更多地发挥方向引领作用。这就需要对学校学科资源进行重新配置、整合与安排，形成和发展新的学科，以适应协同创新的需要。

其次，发展通识教育。通识教育的内涵是指通过对知识的融会贯通使受教育者具备"择其善而识之"的能力，成为人格健全、视野开阔、和谐发展的完整的人。高校应面向全校学生，开设以创新精神和人格养成为目标的创新通识教育课程，使创新教育成为通识教育的一部分。

最后，要将创新教育理念融入专业教育人才培养体系。创新教育必须紧密地结合专业教育，才能达到教育的目标。创新教育的课程设置要设法凸显专业优势与特色，实现创新教育与专业教育的深度与广度有机融合，塑造精英人才。

二、创新管理机制

（一）政策创新激励人才

优化人才成长环境，实施更加积极的创新人才激励和吸引政策，推行科技成果处置收益和股权期权激励制度，让各类主体、不同岗位的创新人才都能在科技成果产业化过程中得到合理回报。运用政策杠杆，确立市场在人才配置中的决定性作用，保障人才自由流动、自由发挥、自由创造。建立帮扶成长成才和解决实际问题的长效机制，鼓励人才潜心研究，包容人才创新失败，让各类人才的创造激情和创新活力竞相进发。

（二）改革教学管理制度

在教学管理上，突出引导启发、开拓进取的教风和勤思多问的学风的培养，进而探索创新学风的形成。在师资管理上，一体化部署教师进修和继续教育或鼓励自学创新知识，掌握创造学的原理和方法，提高创新教育的理论知识水平。同时，要积极倡导教师投身创新实践活动：一方面，在校内有计划地组织教师参加校企合作的科技创造过程；另一方面，要倡导教师在完成校内教学任务的前提下，参加社会各类创新活动，不断积累创新经验和方法。把教学基本建设、教学工作、教学质量、教学管理和教学改革等均纳入考核范围，并按学年综合考核结果施行奖励，从而强化教学质量监控体系的地位和作用。在对教师的评价上，不应仅从教育者的角度做单维评价，应从学习者、创造者的角度做多维评价。

三、提升创新综合素质

第二课堂是第一课堂的延伸和补充。学生通过第一课堂的学习获得丰富的理论知识，打下坚实的学术基础，但要将所学书本知识和基本理论立体化，并综合运用到实践，则需要第二课堂发挥作用。首先，在知识的平面拓展上，第二课堂可以巩固和深化第一课堂所学知识。当学生在第二课堂活动中需要利用第一课堂所学知识来指导时，就会积极主动、充分调动自己的知识储备，加深对课堂知识的理解；其次，在知识的立体建构上，第二课堂可以促使学生将自己已经掌握的理论知识运用到实践之中，使自己的知识结构得到检验和完善，从而获得新知。

四、开发教育资源

（一）促进创新资源高效配置

建设一批具有先进水平、对我国经济社会发展具有显著作用的科技基础设施、重要科研机构、重大创新能力建设项目、重点实验室等区域创新支撑平台。建设科研技术创新合作基地和高校产学研基地，促进深度合作与融合。加快开放式大学的建设步伐，积极开展多边和双边科技合作，开发并有效利用全社会的优质教育资源，形成资源共享的教育体制，和谐互助运行机制，让社会资源的广阔平台承载、催生、历练、铸造大学生的创新精神。

（二）有效利用网络及新媒体

新媒体网络传播具有方便快捷和直观性的特点，要充分利用学校全方位覆盖、全过程渗透的网络教育体系，充分利用网络教育资源，建立主题教育网站，使其融趣味性、理论性、服务性于一体，打造创新教育网络平台，开设多种多样的教育宣传专栏，构建内容丰富、形式活泼的网上创新教育系统，真正让大学生参与其中，真正从中获益，同时形成思想教育的网上网下联动。

（三）发挥文化育人功能

高校校园文化要突出"育人"特色。培植和弘扬校园文化主要目标，构造大学生良好的情趣和高尚的品德，进而影响大学生的思想道德素质、价值观念导向和生活作风方式，使德育、智育、体育、美育有机结合，寓教育于文化活动之中，发挥无形的魅力，制度化是其有效载体，因此，要善于结合传统节日、重大事件和各种典礼庆典等活动，开展富有特色、富有吸引力、主题鲜明、结构多元的主题教育活动。重视校园人文环境和自然环境的全面综合发展，进一步完善校园文化活动设施的建设和改进，完善大学生活动中心，使各种校报、校刊、校内广播和文化墙竞相迸发活力。

第二节 营造良好的创新文化环境

创新是创业的核心要素，包括推动社会经济发展的技术创新、组织创新、方法创新和系统变革及其创新价值的实现过程。这一切都需要创新者具备创新意识、思维和创造能力，以及具有创新情感和人格等要素。创新情感和创新人格是人文素质的外在体现。从事创新的人，不仅要有理论知识，而且要有人文修养。创造性思维需要有严密的逻辑思维和开放的形象思维。高校创新教育不只是培养狭义上的企业家、职业人，还要培养具有综合素质和职业可持续发展能力的创新者。创新者素质的内涵与特质，不仅需要以专业知识和专业技能作为基础，而且需要以文化素养为支撑，需要自身人生观、价值观和外部文化环境等多方面共同塑造。

一、高校营造创新的文化环境构建的主要维度

（一）思维驱动："创新驱动"的创新思维培养

影响大学生创新行为的个体层次因素主要包括兴趣爱好、专业技能、创新动机、性格特征、社会经验、人际关系、进取意识、执行力等。与创新思维相结合的创新将成为支持经济发展的发动机，着重探讨如何利用创新思维原理培养创新所需的智慧并具体剖析这一过程的形成路径。创造开放性环境、打破传统思维方式、鼓励思维交互碰撞和培养全局化思考能力，贯穿于创新的整个过程。

（二）工具驱动："互联网＋"创新新引擎

在互联网与实体经济融合的进程中，大学生电子商务创业成了主力军，很好地推动整体转型升级。融合互联网与传统产业，大学生把所学的专业知识作为自身优势，积极顺应区域经济结构转型升级的大趋势，具有超强的职

业发展眼光和精准的创新切入点，并且能够充分发挥年轻人对新技术、新领域敏感的特点，找出创新的突破口。

（三）知识驱动：创新教育教学模式

大学生创新群体的最大特殊之处在于其创新过程受学校影响较深，学校对大学生创新过程的影响主要通过创新教育实现。能否开发和保持大学生的创新能力，有赖于知识教育层面。选择一个合适的创新教育模式，对于创新人才的培养来说是十分必要的。

（四）文化驱动：创新文化氛围塑造

创新文化的发展程度影响创新资源的获取难度。创新服务、金融支持、文化氛围、创新配套政策对大学生是否选择创新有重要影响。对创新者的尊重、鼓励冒险和创新，以及容忍失败等支持性的区域创新文化氛围能激发个体的创新动机，促使其实施创新活动。

二、基于创新驱动的创新智慧培养

（一）植入创新理念，创新意识内化于心

创新精神是创新者激情和动力的源泉，是把职业要求内化为信念、道德和心理的力量。行为的改变首先内心要接受，因此，创新理念先于创新行为。创新理念是理性思考的产物，是精神文化、信念内化于心的过程。理念内化于心，个体才能从思想上接受，并自觉转化为实际行动。创新理念的形成是一个先易后难、由表及里、长期和渐进的过程，应循序渐进，逐渐赢得广大师生的认可和接受。例如，有针对性地对创新精神、创新价值观、创新信念等内涵通过制度、行为、形象等形式进行传播；利用校园宣传媒体，宣传创新文化的内容和精要，树立先进典型的感召力和影响力。[①]

（二）创造开放性环境，创新思维交互碰撞

思维交互碰撞，信息交流和沟通，信息壁垒就会被逐渐打破，新的思想和创意便从中产生。轻松和包容的思想交流的场所，可以迸发出创新思维火花，也可以潜移默化地影响那些没有创新意识的同学，激发其创新的想法。为创新智慧培养提供思想交流的场所，创造一个保持信息开放性的环境，可

① 王爱文. 大学生"创新力"驱动的创业智慧形成与培养路径研究 [J]. 市场研究，2017（9）：22-23.

以加快创新思维突破。

（三）加强体验性学习，创新观点巧妙转化

营造浓厚的技术科研氛围，加强学生的科学技术、科学研究等方面体验性学习，有利于培养他们学科学、爱科学、用科学的创新思维。一方面，改进现有课程，以专业课程为中心，围绕相关的人文、社会、经济学等复合型课程，了解需求与创新之间的巧妙联系，引导学生将创新应用到实际生活，激发创新观点、奇思妙想向创新智慧转化；另一方面，还可以把学生带到学科发展的前沿，了解学科的最新研究成果和最新科技动态，使学生掌握科学研究的基本方法，促进创新观点向创新智慧巧妙转化。

（四）强化实践性活动，创新能力着力提高

创新本身是一项强实践性活动，学生的实践性学习过程，是发现问题、解决问题、与人交流等能力的提高过程。学校与企业生产和行业需求密切结合，学生活动和专业教学密切结合，教师科研和专业教学密切结合。搭建校内外创客空间、校企合作平台，能为学生实习提供更多机会。鼓励学生参加生产实践活动，课程实践项目尽量到社区、企业、经济部门去取材，做到理论与实践相结合，让学生感受到知识和创新的价值，感受到科学理论知识应用的实际意义及社会、经济效益。充分调动高校、政府和社会的一切资源与力量，形成一种人才、信息、资金等要素的流动，全面开展创新的实践与探索。

（五）组建创新联盟，创新力量加强巩固

大学生创新联盟是由高校、联盟企业、社会创新研究、社会投融资机构以及政府相关部门构成的大学生创新管理和帮扶团队。它以整合四方资源、培养大学生创新意识和能力、营造创新环境、实现高校教育和社会教育完美对接、提高大学生创新成功率为主要目标；以科学的创新教育理念、系统性的团队协作、以科学的教育模式和孵化模式作为其主要运营模式。联盟训练出的大学生，创新方向、创新意识和创新能力以及创新成效大大提高。通过构建大学生创新联盟，优良的创新环境和创新氛围，加强巩固大学生创新知识、实战能力、风险预测等创新所必需的能力，在一定程度上可以降低创新风险，提升大学生创新的成功率。①

---

① 王爱文. 大学生"创新力"驱动的创业智慧形成与培养路径研究 [J]. 市场研究，2017（9）：22-23.

三、规范创新教育，加大创新教育投入

高等学校创新教育要以提升学生的社会责任感、创新精神、创新意识和创新能力为核心，以改革人才培养模式和课程体系为重点，融入人才培养全过程，大力推进高等学校创新教育工作。加强创新教育课程体系建设，在创新教育中有效纳入专业教育和文化素质教育教学计划和学分体系，建立多层次、立体化的创新教育课程体系；加强创新师资队伍建设，引导各专业教师、就业指导教师积极开展创新教育方面的理论和案例研究，积极从社会各界聘请企业家、创新成功人士、专家学者等作为兼职教师，建立一支专兼结合的高素质创新教育教师队伍；把创新实践作为创新教育的重要延伸，通过举办创新大赛、讲座、论坛、模拟实践等方式，丰富学生的创新知识和体验，提升学生的创新精神和创新能力；加强理论研究和经验交流，各级各类高校应面向全体学生，开设创新教育指导课，举办专题讲座，开设短期培训班，宣讲国家鼓励扶持大学生创新的法规、政策，转变学生的观念，增强其创新意识；面向具有创新想法的学生，开展创新技能培训，提高其创新创业技能；面向有创新想法但缺乏实践经验的学生，开展创新实践培训，开设创新实训指导课，加强创新技能的实践训练。

（一）增强学生创新意识

普遍推广创新教育，使学生深入了解创新，激发创新热情；发掘创新文化，依靠创新的内生驱动力创造良好的校园创新氛围，大力宣传创新的价值和意义，树立勇于创新的榜样。

（二）各专业课程体系与创新能力培养相结合

1.将创新课程纳入人才培养方案

根据人才培养定位和创新教育目标要求，促进专业教育与创新教育有机融合，调整专业课程设置，挖掘和充实各类专业课程的创新教育资源，在传授专业知识过程中加强创新教育。构建以创新教育为龙头，创新教育与思想政治、科学文化、职业技术教育相互结合的内容体系和以学科课程、活动课程与社会实践课程相互结合、相互渗透的课程形式结构体系。

2.体现专业特色

创新教育课程体系的设置应依托本专业的办学和教学资源，把专业知识与创新实践相结合，让大学生的创新项目增添更多的专业元素，融合该专业

的文化和科技创意要素，形成自己的优势，体现该专业的创新特色。

（三）开发创新行为导向的实践环节

改进创新教育的方式和方法，将认知导向与行为导向创新教育有机结合，可有效地引导学生在充实创新知识的同时提升创新技能。

1．购买虚拟创新软件，为学生提供模拟的创新演练。

2．实行创新专项实训。可采用沙盘的形式及创新实践教学基地开展，使创新教学生动、有趣、务实，提升学生的基本素质和综合能力。

3．通过社会实践来培养创新素质。定期举办创新竞技活动，形成以锻炼学生创新能力为目的的"第二课堂"，为学生提供社会实践条件。

4．广泛开展启发式、讨论式、参与式教学，扩大小班化教学的覆盖面，推动教师把国际前沿学术发展、最新研究成果和实践经验融入课堂教学，注重培养学生的批判性和创造性思维，激发他们的创新灵感。

（四）开发创新教育教学资源

开发基于创新过程模型的模块化教学，注重培养学生的创新能力。

1．创新教育侧重创新精神和创新思维的素质教育。因此，具体的创新课程内容应侧重培养创新者具有的意识、理念、思维方式和人格等。

2．鉴于高校创新主体的多元化，结合学校的学科专业，将创新行为、创新过程、创新者要素等教学内容进行重组、融合，使之体现出本校特色。

3．收集并汇编高校创新教育先进经验和大学生创新成功案例，吸收国内外优秀的创新教育资源库，为创新教育的发展提供鲜活的教学内容与科学的教学方法。

（五）打造一支强有力的创新教育师资队伍

1．培育学者和企业家兼备的师资队伍。可以聘请成功的企业家作为创新教育的客座教授，开展短期讲学，对学生的创新计划给予指导和评估；安排教师到创新企业挂职锻炼，获取真实的创新实践经验。

2．搭建国内外师资交流平台。组织教师参加师资培训营或到国内先进的创新教育基地培训，学习先进的创新教育教学方法；开拓产学研的社会化的交流平台。

（六）创新教育教学管理机制

1．建立创新教育教学质量监控系统，对在校和离校学生创新信息进行跟踪，收集反馈信息，建立数据库，把未来创新成功率和创新质量作为评价创新教育的重要指标，反馈指导高等学校的创新教学。

2. 明确创新素质的培养计划，将创新类课程纳入必修课或选修课，对于学生参与讲座与课堂学时做出具体的规定。

3. 建立创新学分积累与转换制度，探索将学生开展创新实验、发表论文、获得专利和自主创新等情况折算为学分，将学生参与课题研究、项目实验等活动认定为课堂学习。实施弹性的创新教育管理制度能让学生有自由的时间实践创新，更大限度地发挥学生创新的积极主动性，同时，也能更全面科学地检验学生接受创新教育的效果。[①]

（七）搭建产学研相结合的创新教育服务体系

高校充分利用各种资源建设大学科技园、大学生创新创业园、创新孵化基地和小微企业创业基地，作为创新教育实践平台，建好一批大学生校外实践教育基地、创新示范基地、科技创新实习基地和职业院校实训基地。

1. 成立创新辅导中心，为青年学生创新者提供商业技术培训与咨询，即根据企业需要，为创新实践者提供经营管理、财务、税务，以及市场营销等方面的培训与讲解。

2. 成立创新社，帮助学生将创新成果转移。创新社为学生提供商品化支持服务、创意成果展示与推广；汇集教师与学生的创新成果与相关数据，提供查询与咨询之在线服务。

3. 成立创新俱乐部，为学生能够和当地企业家、校友面对面的交谈与探讨创新问题提供便利，探讨新创意和新想法，为创新答疑解惑，提高学生的创新成功机会。

4. 加强校企联合，推进学生创新。可利用企业家资源，吸引杰出企业家到学校讲学，聘请兼职创新导师，鼓励学生到企业家创办的企业参观学习，为大学生创新者提供信息、人脉等支持。

（八）培养创新心理品质

根据心理学和教育学的理论，创新素质是可以培养的。对创新学生的心理干预，进行创新可行性测评，帮助学生对自身的兴趣、性格、气质、行为取向和能力等进行分析，为创新者指出学习和努力的方向。高职院校可以为

---

① 王爱文. 基于企业创业过程视角的大学生创业支持体系构建 [J]. 商场现代化，2017（1）：239-240.

学生提供心理健康咨询服务，增强其创新心理素质。

（九）完善大学生创新支持体系

1.外在政策的推动：为大学生创新保驾护航

国家和地方政府明确在大学生创新过程中的协调和指导功能，地方及其各相关部门执行大学生创新政策提供监督与支持；进一步落实政府职能部门权责，规范原则要求，增强相关政策的协调性和指导性，从法律层面确保各项创新政策法规的有效落实；简化行政审批事项，推行联合审批、一站式服务，开辟大学生创新便道；通过免交登记类、管理类和证照类等各项行政事业性收费，公布各项行政审批、核准、备案事项和办事指南，降低大学生创新成本，有效有力地支持大学生创新，为大学生创新保驾护航。创新扶持政策的落实还进一步推动大学生对创新市场的关注，触发创新的动力和兴趣。

2.平台的夯实：创新资金的多渠道融通

大学生创新融资平台的构建需要政府、高校、社会各界人士的全力支持，完善资金扶持政策，优化大学生创新环境。政府可挖掘社会资金资源，引导社会投融资机构对大学生创新创业企业的关注和融资支持，增加大学生创新者与风险投资接触的机会，积极为大学生创新项目争取风险投资；鼓励各地针对大学生创办企业建立小企业贷款风险补偿基金，由政府提供担保；高校也可以设立创新专项基金，通过开展创新大赛等方式评估出优质且有商业前景的创新计划书，优先资助该类项目。创新专项基金由无息或贴息的小额信贷、企业或校友捐助、金融机构的创新贷款组成。

3.创新资源的支持：构筑全方位创新孵化平台

创新孵化基地是大学生创新起步的有效载体。以创新孵化基地为载体的创新实践活动是学生的创新尝试，是学生在校园范围内认识市场的有效通道以及大学生实现从学业向创新过渡的中介和桥梁。为鼓励大学生开展创新实践活动，高校可在校园搭建以专业为依托的创新工作室和大学生创新服务基地，为大学生创办企业提供"孵化"场所、设备和资源便利，提供工商注册、财税、创新资金、市场开发、招商引资等全方位、多层次的服务，争取把企业的技术、资金、人力资源、供应商等方面应用到学生创新实践活动中，也为大学生创新提供更多的实践机会和锻炼机会。

4.创新过程的监督：建立科学创新服务评价体系

完善创新教育评价体系，有利于监督创新教育过程，评估创新教育实施效果。创新教育的特殊性决定了评价内容应注重对学生创新相关知识的感悟和运用能力的考核，而且学生存在个体差异和所在创新阶段的不同，因此，需根据学生层次、创新阶段采取相应的考核方式。在意识培养阶段，侧重创新基本知识的考核，可采取笔试的方式做出评价；在接受创新知识教育后，侧重对大学生的创新潜力和基本能力考核，可采取口试、制作创新计划书等方式做出评价；对于创新实践阶段的创新精神、创新素质、对创新环境的适应的考核，可采取实践操作的方式，由创新指导教师做出评价。学校还要追踪学生毕业后企业的定期评价、信息反馈与分析，根据企业对学生任职期间的表现及工作能力和工作态度的评价，厘清创新教育与企业需求的差距，及时调整创新教育的目标和内容。通过创新教育评价，不仅能够激励大学生提高自身的创新能力，而且能为后续创新教育提供改进的依据。

5.健康氛围的营造：优化创新人文支持环境

创新是一个艰辛的过程，对于缺乏社会磨砺的大学生来说，需要承受各种压力。如何提高大学生创新的身心健康，让更多大学生乐于创新，敢于创新，是高校培养学生创新素质的重要内容。强化创新人文支持建设，为大学生营造良好的创新氛围，高校应定期开展创新文化活动，积极组织丰富的创新文化活动，如创新文化节、创新事迹报告会、创新演讲赛、创新计划大赛、创新培训班等活动；加大宣扬创新成功案例，使大学生创新理念深入人心；同时，还可把创新教育与人文素质教育活动有机结合起来，通过人文知识的学习及校园文化活动，充分进行创新身心健康，使创新教育走良性健康发展之路。

提高大学生的创新能力，促进大学生成功创新，政府、高校、社会等各方组织需不断优化教育政策和内容，改进服务方法，深刻理解"商业机会、创新者和资源"的创新核心要素，通过政策法规、融资平台、资源支持、评价体系、人文环境五个要素的建设和整合，为构建大学生创新服务体系提供持续动力。

四、以学科竞赛促进大学生创新能力提升

（一）高校开展学科竞赛的作用和意义

1.学科竞赛可引导和培养学生自主学习、主动思考的能力

学生在学习理论知识后参加学科竞赛，不但可以强化自身专业学习的理论知识，而且培养和激发了大学生主动学习不同专业知识的热情和兴趣。参加学科竞赛的过程可以激发大学生的好奇心、探究热情、求知欲、创新兴趣及参与创新活动的渴望，也就是直接提升了创新能力中的创新欲望。

2.学科比赛可促进组织协调能力

参赛需要不同专业背景的同学组成团队共同完成，参赛学生必须具备较强的团队意识，学会相互沟通，密切合作。

3.学科竞赛可提升学生勇于创新、敢于面对各种挑战的能力

竞赛内容跨越多学科、多领域，要求学生有很强的协调组织能力、策划能力。同时，这也对他们的创新能力、创新思维等提出了新的挑战，不断参与竞赛过程中磨炼和提升学生的创新意识、创新能力、创新思维。

（二）完善学科竞赛的方法

1.加强区域学科竞赛体系的构建，形成完善的学科竞赛群

加强区域学科竞赛体系的构建，建立一套行之有效的资源共享方案，在互惠互利原则的基础上，进行区域内各兄弟院校间的资源共享，以区域内各兄弟院校的师资队伍和实践教学的物质条件，利用各学校不同的优势资源建立各自的竞赛基地，开展不同程度、不同途径的共享合作。

2.与行业企业单位合作设计学科竞赛项目，直接为生产建设服务

与企事业单位进行合作设计学科竞赛项目，为企事业的生产建设设计题目并解决问题，不仅可以促进学校教学改革紧密贴近社会实际需要，而且可以增强学生理论联系实际的应用能力。学生可以增进对行业企业单位的了解，并对其所学专业在社会中的定位有一定的把握，为下一步的生产实习安排和解决就业工作创造了有利的条件。

3.完善学科竞赛的成果转化

在积极开展和探索学科竞赛的过程中，通过撰写论文和专利申报、教学内容改革等将在学科竞赛中涌现的新方法进行成果转化，进一步孵化创新项目，将使其学科竞赛的效果最大化。

4.打造学科竞赛品牌，提升高校知名度

大学生学科竞赛作为实践教学的重要环节，有着特殊的创新教育功能。学科竞赛平台不仅是学生展现自我学习成果的舞台，而且是学校对外宣传教学效果的窗口，更是传播创新精神的风口。学校应该以培养创新型人才为目标，努力营造浓郁的学科竞赛氛围，推动学生竞赛的常规化和制度化，力争探索出一条培养学生创新能力的可持续发展道路。

第三节 提升高校科技创新能力

一、增强科技创新的针对性、实效性

（一）强化高校科技创新网络和区域经济文化融合共生

教育是一项社会收益、市场收益的准公共产品。因此，从公共经济学角度来看，教育成本既需要政府投入，又需要市场承担。处于市场经济条件下，社会资金孕育着无限潜力。应当通过政策积极引导，充分发挥经济的杠杆调控作用，在高校科技创新网络发展过程中，吸引大量的社会资金支持。文化必须和当地教育结合，才能实现教育传承文化目的，必须保持两者之间相互尊重、有效融合。

（二）加大高校科技创新网络经济经营机制的整体优化

企业是社会发展的重要力量，也是高校科技创新网络发展的主要推动力。企业追加公共服务，可在高校科技创新网络的很多方面发挥正面作用。经济发展以及技能教育发展需要企业起到推动作用。一方面，要求企业在用人的同时支付一定的公共服务经费，或者加入办学行列，解决企业高校科技创新网络需求不足的问题；另一方面，通过企业改善高校科技创新网络的水、电、气、交通、周边环境等办法，使高校科技创新网络在企业追加的公共服务体系中得到优惠、实惠，减轻负担，提高吸引力，优化资源配置与组合。

（三）完善适应经济发展的高校科技创新网络教学改革

1. 教材建设与课程设置改革刻不容缓

一是要建立与当地经济、文化、社会相适应的地方课程，加入适合于社区文化发展乡土教材，使学生掌握具体的谋生本领，获得与社会生活相适应的意识，适应社会发展需要；二是要在课程设置中重视文化知识的提高，重视向学生传授先进的管理知识与科学技术，让学生掌握实用性比较突出的传统技能；三是围绕支柱产业和特色经济产业，结合国家开展一系列紧缺人才培养工程，探索以专业发展为纽带，以校企合作为重点，以提高劳动者素质为目的，优势互补、互利互惠，低投入、高产出的高校科技创新网络发展新模式。

2. 要重视教学内容实用性

在教学内容方面，要在技能培养方面加大力度，加强理论同实践的紧密联系，培养学生动手能力和实践技能，突出高校科技创新网络高等化特征。

3. 要调整高校科技创新网络面向劳动力市场

波动性、竞争性成为劳动力市场的明显特点，要发展高校科技创新网络，在课程设置方面一定要立足于劳动力市场实际情况，在方向上及时调整、强化，以就业市场现实需求为依据，敏捷有效地做出反应，充分体现高校科技创新网络灵活性的特点。

二、创业导向的科技创新网络及其动力机制构建

近年来，创新网络和创业的关系研究逐渐成为经济学、社会学以及管理学等的关注热点。然而，在知识资本对网络发展，乃至创业对经济增长的影响过程中，研究方向和内容尚有很大的空间。

（一）创业的特性

1. 创新性

创业对于创业者来说是一项从零开始的事业，从创建一个经济实体到生存发展的过程，或从旧产品发展到新产品，或从旧机制过渡到新机制等，都具有创新性。

2. 社会性

创业是一种具有群体性的社会活动，即使是作为个体的创业活动，也会对社会产生影响。从生态系统循环的原理看，创业企业的成功对当前行业的经营格局、竞争状态有一定的影响，创业企业进入促进竞争的加剧，有利于资源向经营良好、效率较高的企业流入，从而推动有限的社会资源更加合理地配置，实现自身的社会价值。

3. 经济性

创业活动产生的技术创新、产品服务创新和组织变革，是经济发展的主要动力，是社会财富积累的活跃力量。

4. 不确定性和风险性

创业者在创业过程中要承担来自创业领域的人力、财务、技术、决策、市场、同行竞争、外部经营环境等各种风险。因此，创业的过程和结果具有不确定性和风险性。

5.知识资本性

创业是促进知识向资本转化的过程，知识和管理已经成为重要的资本，参与企业的分配，知识向资本的成功转化促进创业的成功，资本借助于知识的支持，又能发挥强大的作用，进而有利于创业企业的健康发展。

6.根植性

企业及其相关的经济主体之间形成相互依存的产业关联、交流、竞争与协作的关系，加速了新思维、新理念的产生，从而降低了创新网络的平均交易成本。这种由于特定网络群体的相互影响、相互影响的特性体现了创业的文化根植性。

（二）创业导向下科技创新网络构成要素

创业导向的科技创新网络的构成要素应包括对创新活动支持的政策法规、进行创新产品生产的企业群、培育创新人才的教育机构、对创新知识和创新技术生产的研究机构，还包括提供金融、商业等创新服务机构。

1.政府政策法规——创新活动的保障

政府出台的各项政策法规包括创业资金扶持政策、税收优惠制度、社会保障制度、破产保护法、知识产权保护法等法律保障和奖励机制。这些引导与保护的措施和平台帮助创业者把握创业机会，增强创业信心。政府通过实行产品、技术发展政策，定期公布新产品、技术标准以及淘汰的工艺或产品，积极引导企业开发创新产品和工艺；在税收政策方面，政府可以通过给予新产品出口关税、企业所得税减免或优惠等支持创新措施；当企业缺乏资金研发新产品时，政府给予一定的信贷政策、利率政策，鼓励创业企业创新和帮助他们渡过难关。

2.高等院校——知识创新的源泉和人才培养的摇篮

在创业导向科技创新体系中，高校因其知识的高度密集特征，在地理上的空间分布成为指示创新型集群分布的坐标。高校与企业从各自的需要出发，产生了自主交流与合作的愿望，从而建立多种互动模式。高校与企业可以合作研究项目为基点，对某领域或技术难题进行合作或者信息交流；高校向企业提供技术成果或技术服务，或者将科研成果出售给企业。高校既是科技创新体系人才培养的摇篮，也是知识生产的源头基地。高校应积极与企业合作，形成产学研联盟，打造技术创新梦想的技术人才，培养优秀的企业管理人才，加快创新成果的商业化过程，帮助创立企业成就事业。高等院校与科技创新网络企业间的互动，可有效提高创业企业的创新能力，从根本上推动了创新网络的创新能力与水平的提高。

3. 创新文化——创新的土和体系的灵魂

在创业驱动的导向下,大量新兴公司伴随着创新的设想、技术而诞生,与此同时,也有大量的公司因技术或服务方式落后而退出市场。当一种新的想法或成果出现时,会导致该产业或者该行业的技术竞争更加激烈,推动同行竞争者改革、更新换代,通过拓展新业务或创业,将这种新想法或新成果落实到产品中。创新可以诞生新的生命,引发技术革命,带来商业利润,从而促进区域创新网络的向前发展。在科技创新体系的演化过程中,不仅要有善于创新、勇于创新的精神,而且要有不怕失败、敢于冒险、脱颖而出的创新力量,这是一种创业文化。创新发展和商业成功即是相辅相成:创新的发展是商业成功的基础,商业的成功又推动创新的进一步发展。创业者既是区域内创新发展的主力军,也是商业成功的主要推动力量。

(三)创业导向的科技创新网络动力机制

1. 政府引导与激励机制

(1)营造创新网络形成的环境

政府通过制定一些鼓励创新的政策或者颁布一些促进创新的法律法规,激发集群的创新热情。政府的引导与激励机制对于科技创新网络的建立和发展具有重要作用。在科技创新网络形成的初始阶段以及成长阶段,要通过各种引导和优惠政策协助创业企业成为经济实体。在此阶段,政府行为和政策起到主导性的作用。在成长后期,政府政策更应扶持和鼓励企业健康稳定发展,帮助科技创新网络的多元化发展,为科技创新网络的形成和发展提供有效的支持环境。

(2)给予资金扶持和配套设施

政府为创业者提供的资金支持,有助于创业企业拓宽融资渠道,为创新网络内的初创企业降低资金困难的阻力,与创业者共同承担创业风险。政府为创业者提供信息、教育等方面的培训,有助于创业组织的发展完善,这也使创新企业专心于优化技术和管理资源,从而加快企业科技创新的步伐。科技创新网络的形成需要公共设施的建设和配套,如公共数据库与知识库、信息交换或知识共享的交流平台等。政府在科技创新发展中通过宏观指导与规划公共设施的建设,制定中长期科技发展政策,对创新企业在资金和税金方面给予相关的优惠和奖励。此外,政府还要通过优惠政策吸引一些中介机构,为科技创新网络补充新鲜血液和增加养分,帮助科技创新网络健康成长。

（3）发展完善的风险投资机制和资本市场

目前，风险投资及资本市场的建立及完善主要依靠民间自身的力量。政府出台相关政策给予引导、支持各类风险投资的进入，为科技创新网络打了一针强心剂。

2. 竞争与协作驱动机制

科技创新网络强调空间内企业的合作，各企业面对快速变化市场的外部环境、同行高技术竞争以及企业内部技术创新的风险，企业之间的关系应该是协同竞争，是柔性、协作性的竞争，而不应是对抗性的竞争。面对市场环境和高技术竞争压力、生存与发展的动力及市场竞争的压力，企业选择网络化的合作关系能促使企业为提高创新能力，降低创新的风险。企业之间通过纯技术市场交易或并购获取创新资源，企业都要承担很高的交易成本和并购成本，且有可能产生合作失败风险。高技术市场竞争的结果导致了交易成本的增加，阻碍了科技创新网络合作。如果合作方能够优势互补，资源共享，企业既可通过创新网络获得所需的创新资源，又可降低创新风险，提高创新绩效。这是区域创新网络内实体间的竞争与协作良性互动的结果。如产学研合作创新，企业在获取技术的同时，也使大学科研机构的成果得以实现向产业转化，同时，政府也积极推动产学研合作创新。

3. 社会资本与信用机制

由于创新具有不确定性和风险性，创业主体间的信任、合作和互惠可以降低交易成本，减少不确定性，有利于科技创新网络的发育成长。创业主体间长期的协作和彼此的信任为主体间互相学习，以及信息和知识的扩散创造了条件，是达到有效学习的保障。

4. 学习驱动机制

企业科技创新能力的形成是从个人与集体、内部与外部资源、积累性与创新性协同学习获取的特定的知识，单个企业作为知识搜寻的主体，尤其是经济实力较弱的新创企业，其学习成本太高。科技创新网络的顶层设计和管理部门应该为不同经济主体间的互动学习构建一个公共平台，不定期举办专业经营管理讲座或举办一些非正式的洽谈会、论坛，引导各主体学习，营造浓厚的学习氛围。构建共同学习的平台，营造学习氛围，将极大地降低企业之间的学习障碍，提高科技创新网络整体的学习能力。通过组织学习，培养企业的科技创新能力，有利于现代企业谋求生存与发展。

第四节 完善制度体系，增强高校的社会开放性

一、增强高校办学的社会性、开放性

高校应该利用自己的优势，积极发挥社会服务功能，推动社会全面进步，实现自身的变革和创新，不断更新和完善教育形态，增强其社会服务功能，发挥其社会中心机构的作用，使得与社会的直接联系更广泛、更深入。

随着知识经济、信息社会的兴起，高校在社会生活中的作用不断增强，同社会的联系也越来越紧密。大学教育要上水平，必须实现办学思想和理念的突破，注重体制和机制的创新，适应社会经济文化的快速发展对高校新的要求，深化产学研合作，打破学校与社会间的种种壁垒，促进学校向社会开放，利用自身专业知识，提升高校社会服务的能力。社会化的高等教育系统，应向社会更加开放，通过各种灵活的教育制度，为社会成员提供各种教育机会，成为终身教育的机构，使高校覆盖社会各种人群，让全体人民都能公平地接受各种教育。

高校在社会中有着重要的地位，更应该增强办学的社会性、开放性，面向国家重大发展战略，探索新的发展方向，开拓新的发展空间，紧密结合国家创新体系的建设，重点建设一批科技创新平台和哲学社会科学创新基地，促进一批世界一流学科的形成，解决重大理论和实践问题，带动相应学科领域发展，使高校成为国家创新体系的重要力量。

二、增强人才培养的融入性、适应性

高校服务社会，为社会经济文化的发展培养有用的人才，也是高校自身生存和发展的一个关键因素。随着社会经济建设不断发展，高校要培养出适应现代社会发展需要的人才，着眼于提高学生的全面素质，有针对性地调适专业设置，培养具有发展创造性思维和能力，适应知识和能力的迁延和发展的创新型人才，也就是要培养社会融入性、适应性人才。

第五节 培育专业的创新教育师资队伍

不管有多么先进的创新教育模式和教学体系，归根到底，都需要一批创新型教师作为执行者，否则，这一切都是摆在纸面上的设想。

一、创新型教师应具备的素质

（一）具有强烈的创新动机和创新观念

创新动机作为人表达的内在动力，可以给人极大的激励和动力进行创新活动。创新型教师对自己的工作极度热爱，对科研工作有极强的兴趣和奉献精神，是他们产生创新动机的根本。有了创新动机便随之产生了具有一定意义的创新观念，教师有了创新观念便有了创新行动的前提，创新行动的产生往往需要创新观念为先导。

（二）有较强的教育创新能力

创新型教师因为具备先进教育理念以及多元的知识结构，更容易突破固定思维，对事物有独到的见解，具备创新的勇气和激情。创新型教师自身有着源源不断的学习动力，并且一直坚持建构多元化的知识结构，除此之外，还有极强的对于创新的推动力，致力于发现和培养具备创新精神和能力的学生。

（三）有健全的创新型人格特质

健全的创新型人格是具备创新观念和能力的重要基础。创新型人才应具备几种人格特征：面对困难坚韧不拔；有极强的冒险精神，敢于超越自己；在理论成果形成前能够坦然面对，沉得住气；对自身保持自信；能够积极主动地吸取新经验。

创新要求极高的学科对教师有很高的要求，包括师德素养、心理素质、教育观念、知识沉淀等多个方面

1.高尚的师德素养

教师的首要职责是教书育人。教师是学生的道德榜样，教师有高尚的师风师德，才能培育出具有高尚情操的学生。

2. 健康的心理素质

教育是教师对学生心灵的洗涤和教育，是针对心灵的教育。因此，作为一名合格的教师，首先要具备健康的心理素质、高尚的人格和良好的素养，才能更好地推动创新教育的发展。

创新型教师还要有坚持不懈的精神以及顽强的毅力，这样才能以良好的心态面对创新成果产生前的时光。教师要以身作则，注意规范自身的一举一动，注意对学生的正面引导和规范，在困难挫折面前不气馁、不抱怨，以乐观的心态面对挫折和失败；生活中始终保持乐观自信，潜移默化地影响学生；发现每个学生的特点，鼓励引导学生勇于创新，培养创新思维和能力。

3. 与时俱进的教育观念

观念是进行创新活动的先导，因此，教师要及时更新自己的教育观念。教师在不同的时间段对教育会有不同的想法。要想与时俱进，教师首先要更新教育观念，以学生为中心，进行创新精神的教育。

相比授人以鱼，教师更要秉承授人以渔的教学理念，积极鼓励学生参与到课堂中来，自主思考，使学生学会自主学习，激发学生的创新能力。课堂上要认清学生是课堂的主体，教师在课堂中对学生只起引导作用；尊重学生是课堂主体的地位，时刻关注每个学生的发展，发现每个学生的独特之处，并进行个性化教育；鼓励学生自主学习，激发学生主动学习、探索知识的兴趣，激发学生的课堂主动性和积极性，培养学生的创新研究意识和能力。

4. 广博的知识素养

创新型教师要具备广博的知识素养，才能更好地教育学生进行创新活动。还要具备极强的专业知识素养，对自己相关学科有全面深入的了解。这样教师才能用自己全面的知识素养激发学生的求知欲，促进学生创新能力的不断发展。

5. 突出的教学能力

教师主要是通过课堂发挥自身价值。课堂上，教师是学生的引导者，也是课堂活动的组织者，因此，教师需要具备较强的教学组织能力和较高的教学水平。作为创新型教师更要具备自己独特的人格魅力，以此吸引学生，启迪学生，培养其创新能力。创新型教师应该尊重学生的主体地位，设计相应的科学的课堂活动，激发学生主动学习的兴趣，发散学生思维；创新型教师要善于运用自己的创新能力和思维，不断更新自己的教学方法和技巧，在课堂中营造浓厚的创新教育氛围，并通过一系列创新型课堂活动，吸引学生参与其中，调动学生的学习积极性，鼓励学生自主思考，主动探索，参与实践，一步一步地培养学生的创新精神和创新能力。

6.综合的科研能力

高校教师既要有教书育人的职责，又要承担科学研究的责任。教师的科学素质由教学研究能力和科研能力两部分构成，二者缺一不可。创新是科学的本质，因此，教师应该积极地开展各种教学，参与科学研究活动，从而提升自己的科学素质，并由经验型教师过渡到研究型创新型教师。创新型教师应该时刻关注科学发展的潮流和风向，多进行科学研究活动，了解当下热门的科研成果；还要多进行教学研究活动，不断更新自己的教育理念，创新教学方法提升教学质量。

总而言之，教师是学生的创新典范和榜样。创新型教师应该全面发展，具备高尚的道德素养，全面的知识储备，创新型的教学方法以及高超的教学水平和较强的科研能力。

二、创新型教师队伍的培养途径

在明确了创新型教师需要具备的能力之后，高校就要围绕这些要求采取措施，培养教师的创新能力，组建一支创新型教师团队。

（一）创造继续学习的机会

高校想要培养更多全能型的创新型教师，就要为教师提供更健全的教师培养制度，采取一系列政策优惠，如经费保障、工作量减免等优惠保障教师的更多权益，为教师提供更多的机会去提升和发展自己，学习更多新的知识充实自己，掌握更多新的技能和本领，提升自身的综合素质，更好地应用到创新教育中去。

（二）搭建教学和科研平台

学校要为教师提供充足的教学和科研平台，保证教师开展一系列创新型活动；还要制定一些相关规定或者政策，吸引鼓励教师多参与教学和科研活动，为教师在经费和硬件设施上提供一定的保障，加快平台建设，保障教师更好更快地开展创新工作。

（三）建设创新型科研学术团队

在当今社会，任何学科都不是独立的，都会与其他学科有或多或少的关联，因此，科学研究活动也主要由个人研究转变为团队合作研究，以提升工作效率。学校应该组织构建相应的科学研究团队，提升整体的创新研究能力。

（四）建立竞争和激励机制

为了使教师不断充实自己，学习完善自身素质，需要建立竞争机制，不断激发教师的创造思维，促使教师在一定的压力下发挥自己更大的潜力，激发教师的创造性和积极性，更好地投入到创新教育中来。

（五）形成完善的教师评价机制

学校建立的教师评价体系可以说是作为评判教师教育水平和教学质量的一个重要标准。教学评价机制也要随着时代的发展而更新，不仅要以学生单方面对教师的评价为准，还要加上教师创造性工作的权重，重视教师对创新教学工作的贡献。

第六章 高校创新教育评价体系的构建

教育评价是在系统地、科学地和全面地搜集、整理、处理教育信息的基础上，对教育的价值做出判断的过程。它是教学系统中最敏感的环节，具有较强的导向作用，影响着教学的全过程。高校创新教育需要努力建设创新教育视野下的教学评价体系，充分发挥其引导和激励作用，使之在制度的有效保证之下健康发展。

第一节 创新教育评价体系的构建基础

一、构建科学的人才培养评价体系的作用

（一）人才资源是第一资源，人才问题是关系国家发展的关键问题

当今时代，跨学科创新人才已成为 21 世纪高等教育的战略目标和重点，所以提高人才培养质量是当前高校教育教学改革的核心任务。

跨学科创新人才培养方向和跨学科创新人才培养模式成功的关键是建立科学的人才培养评价体系。高校现行的人才评价体系存在一些问题，不利于人才的培养，必须对现行高校人才培养评价体系进行改革，建立科学的人才培养评价体系。构建科学的人才培养评价体系，有利于真实地测评出高校的人才培养质量；有利于学校找准人才培养存在的问题与不足，明确努力的方向；有利于提高人才培育质量，真正地使人才培养评价工作达到"以评促建设，以评促改革，以评促发展"的目的，促进高等教育朝正确的方向发展。

（二）达到人才培养的终极目标需要构建完善的评价体系

高等院校培养的学生不仅是就业者，而且是工作岗位的创造者；不仅是历史的传承者，而且是现实的改良与革新者，是未来的开拓者。在学生身上

培养创新意识和创新精神，培养他们运用或开发新方法、新技术、新工艺、新产品的能力，要让他们充分认识到这些都必须通过创新来落实，创新素质是他们基本的必备素质。

对施教者而言，只有通过评估才能理解施教者创新教育的理念，才能检测施教者的行动是否为受教育者未来着想，是否能通过创新教育使受教育者具有开拓创新渠道、把握创新机会、显现创新才干的能力，才能最终达到创新型、创新型人才培养的终极目标。

（三）体系构建是提高学校核心竞争力的需要

评价体系一经确定，实际上就是"指挥棒"，使评价发挥定向作用，各校将创新人才培养的评价体系作为行动的指南，就会重新审视原有的培养计划、课程设置、教学方法、活动内容与形式、环境氛围、设备条件、师资质量等，促进学校的各项改革。

二、构建科学的人才培养评价体系的基本原则

构建科学的人才培养评价体系的前提是确立正确的人才培养基本原则，构建科学的人才培养评价体系必须把握以下基本原则。

（一）全面性原则

跨学科创新人才的培养是一项系统工程，其培养要求的多面性和综合性要求在评价过程中要进行全方位、全过程的评价。因此，相应的人才培养评价体系构建，要系统地评价人才各方面的素质和能力。应从大学生的知识、能力、素质等方面着手进行测评，采用诊断性评价、形成性评价和结论性评价相结合的方式，达到人才培养评价的系统性。因此，要坚持学生全面发展的观点，根据系统科学原理，统筹策划、科学运作，充分发挥全方位培养跨学科创新人才的功能。

（二）科学性原则

遵循人才培养规律，坚持实事求是的态度，并按照科学的要求确定评价标准，合理采用评价手段，保证评价结果的真实性和准确性。在评价过程中，严格根据评价标准规范地开展评价工作。要运用定性和定量相结合的方法，抓住本质性的问题，就其主体进行评价，确保评价结果能够有效地指导交叉学科教育沿着健康、持续的发展道路前进。

（三）客观性原则

要坚持从实际出发，以事实为依据，客观公正地进行人才培养评价，做到评价标准客观；评价学生要客观；评价态度要客观。

（四）差异性原则

人才培养评价要考虑学生个体之间的差异和学校之间的差异。第一，由于个体之间在兴趣、爱好、观念、思维方式、知识结构和知识水平等方面呈现多元化的特点，相互之间存在差异，所以，人才培养评价要充分考虑个体之间的差异，考虑学生个体发展的客观情况，应把学生现在取得的成绩与其起始水平相比较，考核评价其进步程度。第二，人才培养评价要针对不同类型的学校和不同经济发展水平地区的学校的办学水平，制订不同的人才培养评价指标体系，使人才培养评价做到客观公正，并起到分类指导、典型示范的作用。

（五）实践性原则

实践是创新的源泉，也是人才成长的必由之路。人才培养评价内容和评价标准必须贯穿"创新能力源于实践、服务于实践"的思想，既要考核学生知识的掌握程度，也要考核学生的实践能力，考核学生运用理论知识解决实际问题的能力，特别是运用跨学科知识解决综合性问题的能力。

（六）导向性原则

评价指标体系反映全面发展的教育目的和教育改革方向，一经确定，实际上就为高校人才培养发挥导向功能。学生学习能力、创造力的培养，在相关的指标体系中应设置具体项目，明确需要达到的程度和要求，给予相应的权重，并通过评价机制的反馈作用，发挥导向功能，这种导向功能在人才培养过程中，会对学生起到一定的激励作用。要正确运用评价的导向功能和激励作用，在教学中支持学生的求新、求异、质疑和克难的精神，鼓励学生在成长过程中不断探索新的知识，使人才培养评价成为培养学生创造力的推动力。

三、创新素质培养评价的目标和主体

（一）评价目标

创新教育是一种素质教育，素质教育的定位要求高校必须面向全体学生进行广泛的创新精神和实践能力的培养，培养学生的创造思维能力、辨别能力、预见能力、风险意识和心理素质，创新教育的内涵不应局限于使人才将创新能力用于创办和经营某家企业，更应该是对学生知识、技能、综合素质乃至个性的培养和提升。从创新教育的内涵来看，创新人才培养质量的评价归根结底要落实到学生创新能力、实践能力、创造能力、就业能力、创新能力等方面，要体现出学生素质的提升与变化，指引高校人才培养的方向。同时，创新型人才质量评价应具备良好的引导和激励功能，被评价者能够自觉运用所认可的评价指标和内容调整个人行为，从而达到鼓励学生在感兴趣的领域自由发展，深入挖掘学生潜能的目的。

（二）评价主体

要科学、合理地评价创新型人才培养质量，需要建立教育行政部门指导下的多元化评价主体，保证创新型人才培养质量评价的客观性和公平性，保证人才培养活动的协调、均衡发展。同时，多元化评价主体在人才培养质量评价中的广泛参与也能调动其在人才培养过程中的积极性，确保其在人才培养活动中的主体性地位。

1. 指导性评价主体的确定

指导性评价主体是指在人才培养质量评价活动中起指导性作用，占据主导地位的主体。教育行政部门对学校教育质量具有监督权，把握国家高等教育发展的方向，从整体全局的角度审视高等教育人才培养活动的合理性和统一性，在创新型人才培养活动中起重要的指导性作用。

2. 过程性评价主体的确定

过程性评价主体是指参与创新型人才培养活动过程的主体。在创新型人才培养活动中，教师和学生是创新型人才培养活动的直接参与者，过程性评价主体主要指的是教师和学生。教师是教学活动的引领者，在日常的工作中担任参与学校创新型人才培养的重要角色，对整体人才培养活动有真实和具体的了解，将其作为评价主体可以确保人才培养质量评价的专业性、具体性和真实性。同时，学生作为创新型人才培养的对象，是教师教学活动的直接体验者和感受者，是体现创新型人才培养质量的载体，因此，学生也应作为创新型人才培养质量评价另一主体。通过参与人才培养过程的教师、学生等作为主体来评价创新型人才培养质量，学校能够从他们身上得到更为真实有效的人才培养的评价、反馈，更好地促进高校创新教育的发展。

3.结果性评价主体的确定

结果性评价主体是指承担创新型人才培养活动结果的主体，主要包括社会评价、用人单位、家长等。创新型人才培养质量的承担方作为评价主体，可以保证评价的多元化与公正化，客观及时地反映人才培养目标与社会需求的一致性程度，有利于学校根据社会需求及时调整人才培养目标，进一步提高人才培养质量。

第二节 高校创新教育的评价指标

一、创新人才培养的评价标准

创新人才的培养具有不可知性和实践性。但对受教育的个人而言，开创企业的行为明显要在接受创新创业教育之后。众所周知，受复杂的经济和社会因素的影响，即使一个人受到良好的创新教育，理论成绩非常优秀，其创新活动也有可能会失败；反之，亦然。这就说明创新有不可知性，因此在进行创新人才培养，对教育的结果进行评价时，不能使用以往的唯成绩论。

培养创新人才，对高校而言，具体实践就是开展创新教育。目前，各级各类高校都非常重视创新教育。许多高校研究甚至把创新人才的培养融入学生日常的课程中，并定期对授课教师进行创新课程的培训。一些高校还建立了自己的创新教育培养体系，专门为大学生创办了创新园区，教育学生如何开创自己的企业，实施创新教育的各项指标。培养创新人才是高校在今后发展中必须重视和实践的一项具体工作。目前，缺乏的主要是对创新人才培养的评价标准。创新人才培养目前的评价标准是由多种标准组合而成的一种评价体系，主要从四个方面进行评价：理论知识、实践能力、创新思维和创新能动性。

（一）理论知识

创新教育的理论知识是唯一可以量化的评价标准，这也是大部分高校采用的最主要的评价标准。只有充分掌握了创新教育的理论知识，才能更好地将之付诸实践，并取得创新的成功。这一评价标准为大部分高校所采用，其原因主要是评价方法简单易用，主要用试卷的形式对学生进行知识考核，检验其对理论知识的掌握程度或在虚拟环境中运用知识的能力。理论知识的评价可以大致量化学生对创新教育的了解程度，在一定范围内是可取的。

（二）实践能力

实践能力也是形成评价标准体系中的一部分。这一评价的标准相较理论知识而言，运用范围相对较小。这和其特点是分不开的。实践能力的评价主要是指学生运用所学知识，在社会上进行创新实践，以其最终的实际业绩或取得的社会评价反馈来确定的评价标准。实践能力因为涉及具体的操作，所以受外部的影响很大，操作起来比理论知识的评价难度要高。很多没有相关条件的高校都没有进行实践能力的评价，而一些有大学生创新基地或孵化园的高校，往往利用这一便利条件，鼓励学生进行创新实践，并利用实践结果对创新教育进行评价，因为实践能力结合了理论与实际，可信度更高，评价的结果也更客观。

（三）创新思维

由于创新思维是一种主观的意识，很难用数字去界定，这就给评价标准的制订带来一定的难度。但可以利用一些比较成熟的心理学上的技术，如心理测试，研究出专门用于测量人的创新思维的测验，用于界定评价标准。

（四）创新能动性

创新能动性是指对创新有着强烈而持久的冲动，保持长期的热情，即使面对一系列的困难和阻碍，也不会因此而放弃，能够坚持到最终成功的主观能动性。创新能动性的评价不容易把握，但可以通过以下三种条件来评价：第一，是否能够忍受孤独、挫折甚至失败，仍不放弃自己的事业；第二，是否对创新成功具有强烈无比的自信；第三，是否保持有长期的冲动来开创你的事业并长期发展下去。如果学生对上述问题都能回答"是"，并且对这个答案能长期保持不变，则表明该学生已经具备了创新能动性的标准。

二、对创新人才培养评价标准体系的分析

创新人才培养的评价标准是一个相互联系、互不可分的综合体系。有研究认为，创新教育的理论知识是评价标准的基石，理论学习得越扎实，将来创造出的成果也就越多。实践能力是评价标准的深化，只有在实践中把理论

付诸实际，才能更好地掌握理论、完善理论、修正理论。创新教育应注重理论与实践相结合，更多地从实际出发，倡导以实际业绩与社会效果为主的人才评价体系。

客观上，只有注重理论和实践相结合的评价标准，才能真正培养出创新人才；主观上，创新思维和创新能动性的评价标准也是至关重要的，空有理论知识和实践能力，如果没有创新思维和创新能动性，那么将无法面对可能出现的一系列的挫折，从而导致创新的失败。从这个意义上来讲，创新思维和创新能动性是非常重要的评价标准，而且这些标准往往容易被人所忽视。创新教育的目的是培养学生创新的能力，这不仅需要学生具备一定的文化知识、科学道德素养，而且要有解决问题的能力，具备事业心与开拓能力。

三、创新教育评价指标的构成

通过查阅行业、部门或机构等相关规范、指南、标准文件，明确进行大学生创新素质教育评价目的和要求，初步确定创新素质教育评价指标体系的范围和内容，构建评价指标框架。按照创新素质教育内涵和特征及需要进行创新教育内容的评价，可以建立三个评价维度（学校层面、教学层面、人员层面）和六个一级指标（管理机构、保障制度、教学条件、教学体系、教师素质、学生素质）。

在维度设置后，通过对文献的阅读，在现有文献记录的基础上广泛收集大学生创新素质教育评价指标并提炼出相对成熟和公认的指标，然后对提炼出的指标按目标和功能进行逐级归类。

采用专家调查法，对于初步提炼出来的评价指标进行优化和选择，检测指标的全面性、可测性及独立性，即检测指标体系是否包含了评价的各方面、是否能通过直接或间接的方式对指标进行评价、指标评价的内容是否存在重叠交叉、同一层次的指标是否满足独立性要求等。主要通过专家意见征询表，要求各位专家对初步提炼的指标体系进行筛选、补充和分析，具体方式是让专家对各评价指标进行打钩，对指标进行选择和补充，依靠专家的个人经验、知识以及综合分析能力对评价三级指标进行分析和筛选，形成较为合理的评价指标，如下表7-1所示。

表 7-1　评价指标构成表

指标维度		一类指标	二类指标
大学生创新素质教育评价	管理层	管理机构	机构设置
			办事效率
			政策执行
		保障制度	师资队伍
			激励制度
			规划措施
			环境氛围
	教学层面	教学体系	课程体系
			教学内容
			教学改革
			教学特色
		教学条件	经费投入
			基地建设
	人员素质	教师素质	教学理念
			教学方法
			创新成果
			实践积累
		学生素质	意识形态
			心理素质
			知识构架
			竞赛活动
			实践成果

第三节　高校创新教育评价体系构建的方式

一、高校为主体的评价体系构建

（一）高校为主体的设计与实践

在高校创新教育中，高校是重要的施教主体，针对创新教育的设计与实践直接影响学生接受教育的水平与效果，因此，对高校为主体的教育过程性评价，是高校创新教育评价体系的重要内容。

1.课程教学

（1）课程目标与原则

高校创新教育课程的开展应坚持"面向全体（融入人才培养体系，贯穿人才培养全过程）、注重引导（正确理解创业与国家经济社会发展、职业生涯发展的关系）、分类施教（结合办学定位、办学特色）、结合专业（与专业教育紧密结合）、强化实践（实践教学、创业实践）"[①]的宗旨，即在全体学生中广泛系统地开展创新教育，以促进学生全面发展，努力培养大众创业、万众创新的生力军，着力提高学生的创新精神、创新意识和创新能力，同时注重将创新教育与就业教育和就业指导服务有机衔接。因此，需要关注创新课程是否覆盖全体学生；是否结合专业教育与学生思想政治教育、就业教育指导，做到有机衔接；课程目标是否关注学生创新精神、创新意识、创新能力的培育。

（2）课程性质与学分

完整的课程体系、一定数量的课程是创新教育的基础。一定的课程数、学分数、学时数能够反映高校对学生创新教育工作的重视程度和课程建设的成熟度。要将相关必修课和选修课纳入学分管理，建设依次递进、有机衔接科学合理的专门课程群。因此，需要关注是否开设创新教育基础课；是否结合高校特点、学生需求开设其他选修课程；是否设置学分，满足学时。

（3）教学内容与方法

创新课程要在创新知识、创新能力、创新精神等方面进行相关设置，专业课要将国际前沿学术发展、最新研究成果和实践经验融入课堂教学。在教学方法方面，应将课堂教学、课外活动和社会实践相结合，广泛开展启发式、讨论式、参与式教学。因此，需要关注创新课程内容涉及教学内容三个方面；专业课教学是否能够培育学生创新素养；课程是否能够调动学生积极性、主动性、创造性。

2.师资配备

（1）数量与素质

高校要按照学生人数和实际教学任务核定教师编制，配备足够数量和高质量教师。鼓励教师在专业教育中融入创新教育内容。聘请企业家、创新人

---

① 教育部公布《普通本科学校创业教育教学基本要求（试行）》[J].求贤，2012（9）：52.

士和专家学者承担一定任务。此外，要加强培训，提高教师业务水平和教学能力，如参加社会团体和培训机构的创业讲师培训、国家与各省市信息咨询与就业指导中心举办的培训班以及相关创新创业指导教师培训。因此，需要关注"创新课堂"中的专任教师和兼职教师配备；"课堂创新"的教师教学意识；教师培训次数覆盖面与培训质量。

（2）专业研究

为贯彻落实国家对创新教育提出的新要求、新目标，高校对相关领域进行更为广泛、深入的研究越发重要，这也是高校创新教育科学化、专业化、个性化的体现。因此，"要加强创新创业教育教材建设，借鉴国外成功经验编写适用和有特色的高质量教材，建立教研室或相应研究机构"①，同时，要组织参与创新教育理论研究、材料汇编、案例分析等，总结交流教育经验，推广教育优秀成果。因此，需要关注教师在创新教育领域发表论文、承担课题、出版专著情况及相关获奖情况；是否形成学校创新教育研究室，组织研究力量是否组织参与一定范围的理论研究与经验交流。

3. 指导帮扶

（1）顶层设计

高校在创新教育方面应进行顶层设计，形成符合实际、切实可行的创新教育工作整体构想思路，用以指导创新教育改革与发展。近年来，高校创新教育持续受到国家与社会的高度重视相关部门陆续出台一系列扶持政策，为高校创新教育的蓬勃发展起到了先导性、引导性、指导性作用。因此，需要建立健全领导体制和工作体制以保证工作组织的规范性。此外，促进人才培养、基地建设、协同合作等工作的制度化、系统化，使高校创新教育稳定发展、创新发展。

（2）组织管理

高校在组织过程中，要聚集创新教育要素与资源，统一领导、齐抓共管、开放合作、全员合作，落实高校创新教育主体责任，明确责任分工，以形成全体支持教育、全员关注学生的良好氛围。因此，需要关注是否组建创新工作领导小组或其他形式的组织领导机构；是否是学校、学院多个部门协同配合；是否形成详细的人员分工与任务划分。

---

① 李月生，宋智勇，夏徐祎，秦江涛，韩炎，黄海涛. 省级协同创新中心支撑下辐照化工专业大学生创新创业训练模式构筑 [J]. 湖北科技学院学报，2016（12）：129-132.

（3）服务机构

高校要建立健全学生创新指导服务专门机构，要做到"机构、人员、场地、经费"四到位，实现对自主创新学生持续帮扶、全程指导、一站式服务。此外，要健全持续化信息服务制度，利用指导服务平台，收集创新项目和创新信息，开展测评模拟、咨询帮扶，设立创新咨询室，开展"一对一"创新指导和咨询，增强创新服务的针对性和有效性。因此，需要关注是否成立相关创新教育服务机构；相关场地、经费、人员配备是否齐备；创新教育针对指导、信息提供等工作是否到位。

（4）资金支持

高校要在创新资金方面加大投入力度，在经费和基金方面上予以倾斜，在筹措上要吸引其他社会资本支持在校学生创新实践；在分配上可以为创新项目设置小额资助，并设置"创新基金"等大额资助项目，在形式上做到扶持与奖励相结合。因此，需要关注是否筹措一定数量的创新教育基金；是否能够保证对师生进行"精准"扶持；是否制订相关资金管理办法。

4. 实践平台

（1）创新项目

创新教育项目是丰富学生创新知识体验、提升学生创新精神和创新能力的有效途径，是创新教育在实践层面的延伸。一方面，高校要积极参与、宣传各部门组织的创新项目；另一方面，高校要积极组织相关项目的校内选拔赛或突出学校特色、符合学校实际的创新项目，如科技创新、创意设计、创新计划项目等。因此，需要关注是否积极宣传、组织、承办国家级项目；是否组织校级创新项目；相关项目成果。

（2）创新大赛

创新大赛是一种将"练"与"赛"相结合，能够及时获取创新项目具体评价的一种创新能力提升与成果评价的方式。因此，高校一方面要积极组织团队参与大型创新大赛；另一方面要积极组织相关竞赛的校内选拔赛或突出学校特色、符合学校实际的创新大赛，如科技创新、创意设计、创新计划专项赛等。因此，需要关注是否积极宣传、组织、承办国家级竞赛；是否组织校级创新竞赛；相关竞赛成果。

（3）创新基地

创新基地是高校实现学生创新实践的重要平台。因此，高校要组建队伍负责基地的建设与管理、加强多方联动、出台相关政策措施和激励机制，结合学科专业和科研项目的特点，促进师生的科研成果、科技发明、专利等转化为创新项目。此外，要依托各类创新教育基地为学生提供创新场地，建设校外实践教育基地和实训基地等。因此，需要关注是否建设能够满足需求的创新教育基地；是否为创新基地建设给予足够投入；创新教育基地是否在项目转化、实践积累方面给予足够支持。

（二）创新教育的评价方法

1.单一维度创新率评价方法

以"创业率"评价创新创业教育是目前出现的问题之一，单纯以"创业率"评价创新创业教育或创新创业质量效果是片面的。创业率作为评价某一群体中创业人数的直观数据，通过创业人数与总人数的比得出的创业率数据并没有问题，可以直观了解不同年份、不同群体的创业率趋向走势与变化幅度。但是在实际上，高校学生群体创业人数与所创企业数量的增减，绝不仅仅唯"创业率"可以评判：一是在外部因素方面，高校学生可能受到国家政策是否向好、市场公平性是否体现、社会对大学生创业信任度是否足够、舆论导向是否积极正面、资金场地是否到位、家人朋友是否支持、社会人脉是否能够给予指导帮助等因素的影响；二是在内部因素方面，高校学生可能受到是否已经感知到创业带来的个人机遇、社会支持与国家关注，能力态度是否达到创业要求水平，是否具备相关理论与实践经验的积累，是否已经做好承担风险、面对挑战、解决困难的心理准备等知识技能与性格品质等因素的影响。

2.多维度创业率评价方法

引入多元的评价方法，能够体现整体情况背后的特殊性，具有更好的科学性。创新教育评价方法，可以从不同的角度进行分类。

（1）宏观评价与微观评价

宏观评价和微观评价，是依据评价对象和评价范围不同来划分的。这种划分是相对的。

就创新教育评价而言，宏观评价是以创新教育的全部领域为评价对象，涉及创新教育的各个方面。一般来说，宏观评价是指对整个国家或某一地区创新教育的全面综合评价。而微观评价是指对某一地区或某一所学校、对创新教育某几项指标或单项指标的评价。在创新教育评价工作中，应注意宏观评价与微观评价相结合，这样有助于通过评价工作既把握全面，又能突出重点，抓住典型认清主要问题。一般来说，以解决宏观调控为目的的评价，应更注重宏观评价，以求全面地把握材料，避免以偏概全；以解决实际问题为目的的评价，应更注重微观评价，以求更深入地认清事物的本质，有助于实际问题的深入研究。

宏观评价与微观评价是相对的，在实际的应用中，二者相互联系，在评价内容上互相交叉，在评价效能上相互促进。微观评价是宏观评价的基础，没有微观评价，宏观评价也就难以有效地开展。而宏观评价又有利于推动微观评价有效开展，也有助于评价者对微观评价的结果做出正确的分析与价值判断。

（2）相对评价与绝对评价

按照评价的参照标准不同，可将创新教育评价分为相对评价和绝对评价。

相对评价就是以被评价对象集合内部的某一状态或标准样组的水平为参照标准进行比较，或者是用某种方法将评价对象排成先后顺序的评价。具体地说，就是在一组评价对象内部进行互相比较，通过比较确定每一评价对象在集体中的相对位置。

相对评价法是在某一类评价对象集合的内部将集合各个元素与特定的元素或标准进行比较，或者是把评价对象依次排列起来。这种评价的结果是根据被评价对象的整体状态来确定的，其标准只适用于所选定的评价对象的集合，对于另外的集合未必适用。这种评价法的优点是适应性强，应用面广。这样可以使评价对象认清自己与集体中其他对象的差距，从而为被评价者指明努力方向。由于这种评价的标准来自被评价集体内部，本身具有一种强烈的竞争机制，所以这种方法适用于以区别和选拔为目的的评价。

绝对评价是指在评价对象集合之外，根据一定的目标和准则确定一个标准，在评价时，将由一个评价对象与确定的标准进行比较而做出评价结论的评价。绝对评价的评价标准是独立于被评对象集合的相对比较客观的尺度，它与被评对象群体的实际水平无关。由于绝对评价法的评价标准比较客观，如果评价是准确的，那么评价之后，每个被评者可以明确自己的实际水平与客观标准的差距，有利于创设一种积极上进的宽松的工作环境。

（3）自我评价与他人评价

根据评价主体的不同，创新教育评价方法可分为自我评价和他人评价两类。

自我评价就是评价者根据一定的标准对自己进行评价。比如，教师对自己的创新教育思想、内容、方法、态度、效果的评价就属于自我评价。

自我评价的优点是易于开展，可以经常进行。而且自我评价建立在对评价对象充分信任的基础上，能激发被评者的自尊心、自信心。它的缺点是缺乏外界参照体系，不易进行横向比较，评价者对自我评价的主观态度也不尽一致，因而自我评价的结果往往对成绩或问题的评价易发生偏差，即自我评价结果的客观性相对较差。

他人评价是指被评价对象以外的组织或个人依据评价标准对被评者进行的评价活动。在他人评价过程中，如果是上级对下级的评价，则评价过程是一个指导与被指导的过程；如果是同行间的评价，其评价过程则是一个相互学习的过程。一般来说，他人评价要比自我评价更为客观、真实，更容易看到成绩与问题的所在，更有益于被评者总结经验及同行间相互学习，共同促进提高。由于他人评价过程中评价的是他人，在具体评价工作中，应注意以下几个问题：

第一，要端正评价双方对评价的态度。评价者既要正确理解和把握评价的标准与目的，又要掌握科学的评价理论与评价技术，还应端正评价思想。

第二，评价者要克服各种偏见。他人评价中的偏见往往是由于评价者对评价对象持有缺乏事实根据的认识造成的。这种偏见包括先入为主的影响，以点概面、以偏概全，过度类化、由此及彼、随意联系三种。克服这些偏见的办法就是实事求是，采取多渠道、多方面、多层次收集信息，进行全面综合分析后再下结论。

第三，注意对评价对象心理的调控。评价对象的心理状态对评价的可靠性、有效性及对评价活动的正常开展都将产生重要的影响。

（4）单项评价与综合评价

根据评价的内容来分，创新教育评价可分为单项评价和综合评价。

单项评价是先对评价对象的评价内容进行分解，其中对每一个具体项目的评价即是单项评价。综合评价就是对评价对象的整体进行全面评价。综合评价方法有两种基本的思路，一是通过分析的方法，先对评价对象的评价内容进行分解，在单项评价的基础上汇总做出全面的评价结论；二是直接通过综合的方法，凭直观与经验对评价对象的整体进行评价，这种评价简便，一般适用于非正式性的评价。单项评价与综合评价之分是相对的，在不同的评价对象条件下，可以相互转换。在实际的评价过程中，单项评价与综合评价相辅相成、互为补充。单项评价是综合评价的基础，综合评价是单项评价的综合。在做好单项评价的基础上做好综合评价，能够避免出现"只见树木，不见森林"的错误；在重视综合评价的同时，注意做好单项评价，有助于深入、准确地掌握资料，避免笼统、模糊的评价倾向。

（5）诊断性评价、形成性评价与终结性评价

根据评价的目的与评价进行的时间不同，创新教育评价可分为诊断性评价、形成性评价与终结性评价。

诊断性评价是指在创新教育活动中，以检查某一状态是否正常，并为下一步工作提供相应措施，保证活动顺利进行为目的的准备性评价。这种评价是基于信息反馈决策功能基础上所实施的预测性、测定性评价，其目的是了解评价对象的现状和存在的主要问题，同时也包括对评价对象的各种优势、优点和特殊化的识别，在此基础上，为制订行使评价对象实际情况的工作方案和计划，有针对性地开展各项工作做好准备。

形成性评价是指在创新教育活动中，为了及时控制和调节活动状态的变化，促使创新教育活动沿正确方向发展所进行的连续性评价。形成性评价也被称为过程评价。可见，形成性评价总是在某一工作方案或计划在实施与执行过程中而进行的，其目的不是预测，也不是为评定成绩或总结，而是为了了解工作过程中的状况，以便及时调整工作的状态。

终结性评价又称总结性评价，是指在创新教育活动某过程终结时，为找出使活动全过程的状态发生变化的原因，并做出总结性结论而进行的评价。

（6）定性评价与定量评价

根据评价是否采用数学方法，可将创新教育评价分为定性评价和定量评价两种方法。

定性评价，是指在创新教育评价过程中不采用数学的方法，而是根据评价者对评价对象平时的表现、现实的状态或文献资料的观察与分析，直接对评价对象做出定性的评价结论。

定量评价又称为量化评价或数量化评价，指通过数学的方法取得数量化的评价结果的一种评价。

3. 创新活动教学评价体系

创新活动教学是指以在教学活动中建构具有教育性、创造性、实践性的学生主体活动为主要形式，以激励学生主动参与、主动实践、主动思考、主动探索、主动创造为基本特征，以促进学生创新精神及整体素质全面提高为目的的一种新型的教学观和教学形式。

创新活动教学评价就是评价者对创新活动教学的好坏、优劣与效果进行价值判断的过程。这一过程是从一定的评价维度出发，根据一定的评价标准、

收集信息、占有资料、分析资料，从而对活动过程进行全面评价的过程。其中，评价维度是评价活动的角度和出发点，评价标准是评价的基本尺度，只有在一定的标准下才能收集和占有信息，进而对创新活动教学做出有效评价。

(1) 活动的自主性特征

教师活动方面：①将学生的自主发展作为重要的教学目标，且对这一目标的实现准备充足材料；②活动项目的选择考虑学生的兴趣、需要，注意到学生的个别差异；③重视对学生进行活动与学习方法的指导；④教学过程中鼓励学生自主活动、操作、体验，学生独立的或联合活动较多，充分体现出学生主动发展的特点。

学生活动方面：①学生积极参与活动，兴趣浓厚，求知欲强；②主动选择要求较高的活动项目，乐于"表现"，自觉克服活动中的困难，不畏难而退；③较好地完成任务。

(2) 活动的实践性特征

教师活动方面：①重视学生实践能力的发展；②活动内容有较强的实践性和操作性，能促进体脑结合、知行统一；③教师在活动过程中起示范、指导作用；④为学生的实际操作活动提供充分的机会和时间。

学生活动方面：①实践活动中态度认真，积极投入；②勤于操作，注重方法，讲究效率；③动手操作能力和解决问题的能力均有提高。

(3) 活动的开放性特征

教师活动方面：①活动时间充分，课堂活动、校内活动、校外活动结合；②活动空间广阔，学校、家庭、社会相联系；③活动过程和活动要求有弹性，尊重个别差异的存在，能根据学生的活动表现及需要适时调整活动过程；④承认学生有自主选择活动的权利，为学生创造选择活动的机会。

学生活动方面：①学生之间、师生之间交往广泛、融洽；②有自己选择的活动项目；③活动产品（成果）多样。

(4) 活动的创造性特征

教师活动方面：①活动题目新颖，包容量大，可伸缩性强；②注意培养学生的求异思维，鼓励学生创新；③对学生限制、约束、控制较少，积极创设心理安全的课堂气氛；④教师本人有创造性表现。

学生活动方面：①勇于表现自己的独到见解和独特的活动式；②好奇心强，敢于质疑；③有创造性的活动成果。

创新活动教学评价大致分三个步骤：

第一，全面系统收集资料。为了得出客观准确的评价结论，必须全面获取评价资料，综合运用观察、面谈、调查等方法。具体地讲，可依据评价指标制成表格，观察记录，或编制问卷，便于分类统计。

第二，处理评价资料。在全面系统地占有评价资料的基础上，对评价信息进行整理加工，去粗取精，去伪存真，揭示资料之间的内在联系。这一阶段的工作要求评价者具有深刻的洞察力和分析能力，能在大量材料中发现其隐含的真实关系。

第三，做出价值评判。综合分析加工后的评价资料，结合对具体问题的分析，进行总结性评价。

进行创新活动教学评价的主要方法有观察法、谈话法、问卷调查法、学生自评法、教师相互商讨评价法以及成果评价法。

在创新活动教学评价中，必须注意以下几个问题。

第一，过程评价与结果评价并重。创新活动教学的目标在于知识学习的同时，培养学生的技能情感、个性和多方面能力，所以评价时不应只苛求于知识获得的多少、对错，还应特别关注学生参与活动的创造性如何，能否独立地解决面临的问题和矛盾。创新活动教学评价不仅重视单方面的知识、技能和活动的结果，而且关注学生在活动过程中的表现，关注学生在活动中的整体参与和进步。

第二，评价时要从学生的身心发展阶段和各年级的实际水平出发，因人而异，因时而异、因境而异。评价重在肯定进步，指出不足，鼓励每个学生积极参与活动，在活动中求发展、求完善。

第三，重视活动经验的交流与分享。创新活动教学旨在通过学生个体的、群体的活动促进学生整体的发展。每个学生在活动中的经验与收获不尽相同。因此，创新活动教学评价时应尽可能采用集体讨论和交流的形式，将个人的经验或成果展示出来，以便尽可能地将每个人的收获变成学生集体的共同精神财富。

第四，综合运用多种评价方法。由于每一种评价方法均有各自的特点、功能、适用范围和局限性，因此，在评价时可以观察法为主，辅之谈话法、调查法、学生自评法等方法，以便真正地把握实际情况，得到正确的结论。

二、学生为主体的评价体系构建

（一）高校创新教育改革四个阶段

创新教育成败与否，要关注学生在接受创新教育后形成的创新意向的人数、将创新意向转化为创新行动的人数以及最终创新成功的学生人数。学生创新精神和创新能力的教育效果往往需要通过各类途径将抽象的能力具体体现出来。高等教育要把创新实践作为创新教育的重要延伸。通过举办大赛、讲座、论坛、模拟实践等活动，丰富学生的知识体验，提升学生的创新精神和创新能力。要将创新教育和实践活动成果有机结合，积极创造条件对创新活动中涌现的优秀创新项目进行孵化，切实扶持一批大学生实现自主创新。

高校创新教育改革的过程可以划分为四个阶段，即接受教育阶段、模拟萌芽阶段、实践转化阶段、成功创新阶段。

1. 接受教育阶段

该阶段的"教育"具体指高校创新教育课程、讲座等"一对多"的教育组织形式。高校创新教育不仅是将创新教育理念转化为实践的桥梁，而且是实现高校人才培养目标的重要载体。高校创新教育要面向全体学生，融入人才培养全过程，同时，要把创新教育纳入专业教育和文化素质教育教学计划和学分体系。在实践方面，高校创新教育课程依托必修课与选修课形式开展，确保大学生获取系统化的基础知识，而学生对相关课程的参与度应做到广谱性、全覆盖，呈现高接受度与满意度。

2. 模拟萌芽阶段

模拟萌芽阶段的"模拟"具体指学生通过创新项目、创新竞赛等形式，将接受教育阶段所积累的创新知识、领悟的创新精神与提升的创新能力通过参与项目与竞赛体现出来。可以说，模拟萌芽阶段是连接创新课程与创新实践的桥梁。

创新项目的设立旨在促进高等学校转变教育观念，改革人才培养模式，强化创新能力训练，增强学生的创新能力和创新能力，培养适应创新型国家建设需要的高水平创新人才。因此，其项目立项数与学生参加度可以用于把握创新模拟活动的能力与效果，考量学生参与创新模拟活动的积极性与主动性。

创新竞赛是以大赛为抓手，以创新支持创新、以创新带动就业，引导高校实现从就业从业教育到创新教育的战略转型，培养一批又一批德才兼备的有为人才，不断提高对经济社会发展的贡献度和引领力，强调通过竞赛提高高校学生的创新精神、创新意识和创新能力，推动创新教育与思想政治教育紧密结合、与专业教育深度融合，促进学生全面发展。

3.实践转化阶段

实践转化阶段的"转化"是指将创新意向向创新实践转化。创新意向向创新实践转化需要依托高校创新教育实践平台，这是高校创新教育过程由创新向创新转化、由意向向实践转化的重要阶段。其中，科技创新实习基地、创新园、创新孵化器、创客空间等成为当下高校普遍认同并搭建的创新教育实践平台，通过整合各方资源，开展指导培训，引导项目孵化，提供软硬件支持等开展服务，为大学生创新提供办公场地、设备，甚至是咨询意见。因此，其平台运营情况与学生参与情况可用以衡量学生将创新项目向成果转化的过程与占比。

4.成功创新阶段

成功创新阶段的"创新"具体指向以狭义的创新概念，即劳动者通过自主创办生产服务项目、企业或从事个体经营实现市场就业的重要形式，一般指创办企业或开创事业。结合创新教育的实践转化阶段，成功创新阶段应是将上一阶段所实践的创新项目进行成果转化，创造出新的产品或服务，并通过市场创建成企业或产业，实现企业经济价值和社会价值。

（二）学生主体的反馈与自评

1.参与度调研

保证学生能够主动广泛地参与创新教育课程，是高校创新教育开展的前提。近年来，"学生参与度"在教育质量评价实践中日益受到重视，也应受到创新教育工作者的足够重视，具体指学生在有效教育实践中投入的时间和精力，简言之，就是回答学生"是否参与、是否投入"。

2.满意度调研

学生对教育质量的看法是一种主观的评价，但学生是受教育的主体，教育质量的高低会影响他们的知识获取能力、知识应用能力以及就业竞争力。因此，从一定意义上讲，从学生的课程体验角度对教育质量进行评价已成为一种必然趋势。

3.转变度调研

高校创新教育是一个对高校学生创新意识与创业能力进行培育的过程，因此，对其质量和效果的评价不能忽视学生在创新创业领域的知识技能、情感态度、价值观转变的方向与程度，要关注学生经过系统的高校创新教育后，学生创新意识与创业能力是否提升、对待创业的态度是否产生了积极的变化、创业意向是否萌发等。

4. 创新能力自评

创新创业能力的培养是高校创新教育的重要目标之一，是培养学生创新竞争力、提高创新质量、提高创新项目的成功率与创新性、推进创新型国家建设战略的基础工作，因此，对学生创新能力进行自评与他评是重要维度。

三、创新教育评价体系构建

（一）高校创新教育评价体系构建应首先转变评价观念，具体包括以下六个方面的变化

1. 评价主体的变化

教育评价的"主体价值"思想认为，价值是客体满足主体需要的程度，其中教育活动是客体，要在教育中满足特定主体（即受教育学生）的需要，其价值依据主体的价值需要对教育活动进行价值判断。虽然系统收集和处理信息的方法手段是客观的，但得出的评价结论因主体需要的不同而不同，因此，主体需要是评价的准则，能够影响评价的结果。

当前，高校创新教育评价的维度多关注高校层面的课程、教师、环境等，而较少关注学生层面。实际上，除了通过教育管理部门主导、高校为被评价对象的评价方式外，由学生主导、高校为被评价对象的评价方式也是重要的评价方式，即注重评价者的广谱性、全员性，更关注学生群体在评价中的主体价值以及获得感评价。学生群体教育前后的转变是教育效果最直观的体现，其转变的正向或负面、显著或微弱都是重要的效果评价维度。

2. 评价阶段的变化

教育评价阶段的"全程性"，即教育评价不仅仅关注教育结束后的成果反馈，也应关注教育过程评价。过程评价是对教育方案实施状况进行的督导与反馈，注重对结果的鉴别、确证和检查，目标在于教育方案执行后的结果与目标一致性的问题，实质上是对教育方案高效性进行评价；而结果评价是诊断性评价，对方案实施成果进行分析，判断其是否适合继续使用、是否需要修正。

因此，高校创新教育将由"成果性"走向"全程性"，应将过程性评价

与结果性评价结合起来，在不同阶段针对不同问题做出反馈，及时修订，充分发挥过程性评价的改进功能，最后将方案整体实施情况与最初目标进行对照，实现"以评促建"。

3. 评价时限的变化

在实际工作中发现，一些大学生创业者选择在工作一段时间后进行自主创业，但其创业意向与创业实践仍能够体现学生在校期间接受创新创业教育的效果。相关研究表明，创新创业教育中的创新课程、创新竞赛、创新政策显著正向影响创新自我效能（大学生对自己完成与创新有关的活动，并成功创建一家企业的能力与自信程度）；创新教育中的创新课程、创新竞赛、创新孵化显著正向影响创新意向（学生计划创办企业的信念，并在将来某个时候会自觉履行计划）；创新自我效能感中的创新效能、机会识别效能、关系协调效能显著影响创新意向，这些令人欣喜的结果在一定程度上说明高校创新教育对于学生自主创新的意向与行为能够产生积极正向的引导作用。

作为系统化、有目标地对人的心智发展进行系统化培育的实践活动，教育的效果往往在长期的具体实践、思维成熟的过程中体现，教育的功能往往通过人的发展以及社会发展体现，其过程始于一个人的出生并持续终身，能够对人产生持久而深刻的变化。

因此，在高校创新教育评价中，要正视"时滞效应"的存在，正面理解并应对其中存在的认识时滞、决策时滞、执行时滞和效果时滞，在评价材料收集时注重对接受过高校创新教育的学生进行持续性、跟踪性的调研反馈，将评价时限由"即时性"走向"跟踪性"。

4. 评价方案的变化

教育评价体系的制订与使用能够对教育产生极大的选优示范、纠偏扶正、价值评价作用，是教育活动开展的保障。在教育评价愈发体系化、时代化、实用化的今天，精细性、有针对性、配套性的评价体系成为新的需求。

创新教育评价体系的制订固然重要，但相关部门与高校的理解程度、执行情况、"本土化"适应、针对性"落实"等情况也直接影响着评价的效果。面对当前高校创新教育的实际情况，需要教育行政部门在强化创新教育评价顶层设计的同时，鼓励和倡导各省市、各高校结合自身实际、办学特色、人才培养理念制订更为针对性的评价体系，确保各个指标维度的落实到位。

5. 评价取向的变化

创新教育的兴起与经济社会的发展密不可分，是国家创新驱动发展战略在高校教育与人才培养方面的集中体现。同时，在市场化经济蓬勃发展与毕业生就业高压态势并存的今天，高校学生自主创新对促进社会经济发展和带动他人就业能够起到积极主动的作用。当前，社会媒体与职能部门已经关注到创新教育的经济效应，利用参加过创新教育的学习者激发创新意向的程度，接受过创新教育的学生创办企业数量、创造就业岗位数量等维度评价创新教育质量与效果。

创新教育的成果不应仅仅由宏观经济层面上利用创办的企业数量和创造的就业岗位数量等作为评价，而更应关注到在教育前后师生的创新意识、创新能力的积极转变，将评价的取向由经济效应转向个人效能，在国家创新型人才需求方面起到的突出作用，这是创新教育评价回归教育本身的应有之意。将评价取向由"经济化"走向"价值化"将是未来教育评价的一个主要变化。

6.评价机制的变化

高校创新教育评价指标体系设计、内容确定、机制构建等方面应时刻同党和国家发展以及大学生全面发展的需要相适应，兼顾开放性、持续性、指导性、延续性，及时在实践中进行调整、修正、完善，使得评价体系、评价方法、评价内容能及时进行完善、修正、优化，保证评价工作有效推进，形成评价的长效机制。

高校创新教育评价机制的构建不应仅仅关注创新教育评价原则与要求，而应在兼顾思想政治教育评价的顶层要求之下，设计个性化的高校创新教育评价体系，从整体和部分的辩证关系角度出发，明晰创新教育质量与思想政治教育质量之间的关系，同时借鉴思想政治教育质量相关评价体系的构建思路，体现整体性与包容性、独立性与特殊性。未来的评价机制将从"独立性"走向"包容性"，也是必然的结果。

（二）体系构建方式

如果说高校创新教育评价观念的确立是进行评价的理论前提，那么确定高校创新教育评价体系的构建模式就是进行评价的实践基础，是评价各要素的集中呈现，也是理论研究能够应用于实践工作的关键。

1.体系构建

体系构建顶层设计、创业率、教育改革和个体发展四个方面。评价的视角包括客观高校视角和主观学生视角，评价的方法包含过程性评价与结果性评价。顶层设计涉及课程教学、师资配备、指导帮扶和实践平台；创业率包括创业活跃度、创业成功率和毕业三年创业率；教育改革包括教育阶段、模拟萌芽阶段、实践转化阶段和成功创业阶段；个体发展包括满意度、参与度、转变度和创业能力的自评。

2. 体系要点

（1）评价主体

评价体系以高校和学生作为两个主体，以高校为主体是通过高校主体设计与实践对高校创新教育进行评价，以学生为主体是通过学生的反馈与自评对高校创新教育进行评价。在高校创新教育评价中，对高校层面进行评价主要体现的是客观性，无论是对教育体系与培养方案的设计，还是毕业生创业率的数据呈现，均有国家相关文件指导规范和计算原则，较少涉及主观维度；而在学生群体挖掘评价素材多参考的是学生的情绪感受与价值判断，无论是对教育活动的需求与反馈，还是创业态度与创业意向的转变，均带有强烈的主观意愿。因此将客观与高校相结合为一个视角，而将主观与学生相结合为另一个视角。

（2）顶层设计

评价体系的顶层设计是对高校创新教育体系视为过程性评价，主要原因是兼顾到高校创新教育实际是对高校教育资源、课程教学、师资配备、指导帮扶、实践平台等各个环节与过程的设计，顶层设计中着重体现了课程的知识传播环境由课堂教学向实践转化的过程，师资素质由系统培训到注重研究的过程，实践平台由项目训练向竞赛拉动的过程等。

（3）创业率

创业率评价实际上是社会媒体与教育行政部门对高校创新教育质量与效果的量化评价，直接关注的是高校学生在毕业时自主创业的比例，素材获取过程不受到主观因素的影响与介入，数据也将直接客观地用于高校创新教育效果的评价。通过引入三个新的创业率数据统计、呈现及分析方式，引导各个群体予以关注并据此剖析更为深刻的背景原因与优化措施。

（4）教育改革的四个阶段

学生在创新教育过程中会经历四个阶段，除创新教育课程是统一规划、面向全体、广泛覆盖以外，其余环节的参与具有一定的主观性，要求学生具有相对成熟的创新想法、创业能力和创业知识。此外，每一阶段需要上一阶段的理论或实践积累，下一阶段又是对上一阶段成果的验收与考核，体现出明显的过程性。

（5）个性发展

其呈现方式是以学生的自评进行，具有强烈的主观性。高校创新教育的最终目标是学生的全面发展与创新性人才的培养，因此学生的个性发展维度一般会在教育者设定的某一教育环节结束或教育周期终止后进行测评，虽然可能衔接下一个教育阶段，但对于教育者所实施的时段来说仍然具有一定的结果性测评意义。

参考文献

[1] 邓如涛．新常态下高校创新创业教育研究［M］.成都：电子科技大学出版社，2017.

[2] 姚远，冉玉嘉．高校创新创业教育生态系统构建研究［M］.成都：四川大学出版社，2019.

[3] 何军．创新创业教育丛书互联网＋时代高校创新创业教育［M］.北京：北京师范大学出版社，2018.

[4] 中国高校创新创业教育联盟，中国高校创新创业教育研究．创新创业创造释放教育新动能：中国高校创新创业教育联盟论文集［M］.北京：清华大学出版社，2019.

[5] 曾绍玮，李应．高校创新创业教育探索与实践研究［M］.成都：电子科学技术大学出版社，2021.

[6] 李喆．地方高校创新创业教育研究［M］.济南：山东人民出版社，2020.

[7] 陈忠平，董芸．新形势下高校创新创业教育［M］.北京：冶金工业出版社，2019.

[8] 张义明．发展与突破陕西理工学院"地方高校创新创业教育探索与实践"教学成果集萃［M］.西安：西北大学出版社，2013.

[9] 耿丽微，赵春辉，张子谦．高校大学生创新能力培养与创业教育研究［M］.成都：电子科技大学出版社，2017.

[10] 洪柳．创新创业教育视域下高校公共事业管理专业实践教学体系改革研究与探索［M］.长春：吉林大学出版社，2018.

[11] 吴金秋．中国高校"融入式"创新创业教育［M］.哈尔滨：黑龙江人民出版社，2013.

[12] 刘常国，王松涛，宋华杰．高校创新创业优质教育资源建设与实践研究 [M]．北京：北京工业大学出版社，2020．

[13] 吴文嘉，张廷元，邓华作．新时代高校创新创业教育研究 [M]．成都：西南财经大学出版社，2022．

[14] 任立肖，纪巍．高校创新创业教育质量评价研究 [M]．天津：天津社会科学院出版社，2021．

[15] 宋敬敬，王廷熙作．构建高校创新创业教育生态系统的研究与实践 [M]．北京：高等教育出版社，2022．

[16] 王海燕．高校创新创业教育改革与探索 [M]．天津：天津科学技术出版社，2020．

[17] 郭秀晶．我国高校创新创业教育政策评估研究 [M]．北京：经济日报出版社，2022．

[18] 王志强，李远煦．理念结构功能高校创新创业教育的组织变革 [M]．北京：社会科学文献出版社·国际出版分社，2021．

[19] 徐侠侠．高校创新创业教育研究 [M]．西安：陕西人民教育出版社，2018．

[20] 姚洪运，毕于建．高校创新创业教育概论 [M]．长春：吉林大学出版社，2017．

[21] 唐梅，胡雁波．高校创新创业教育研究 [M]．长春：吉林人民出版社，2017．

[22] 张强，廖成中．新时代高校创新创业教育理论与实践 [M]．北京：科学出版社，2020．

[23] 沈丹，杨百忍，孟昕．大学生创新创业教育 [M]．南京：南京河海大学出版社有限公司，2021．

[24] 郑楠，闫贤贤，黄卓．大学生创新创业教育 [M]．北京：北京理工大学出版社，2018．

[25] 龙瑞兰，陈德，何家霖．大学生创新创业教育 [M]．北京：中国社会出版社，2021．

[26] 李爱华，杨淑琴．大学生创新创业教育 [M]．上海：上海交通大学出版社，2018．

[27] 万生新，姬建锋．大学生创新创业教育 [M]．西安：陕西人民出版社，2019．

[28] 连银岭. 大学生创新创业教育 [M]. 北京：北京理工大学出版社，2018.

[29] 张晓华. 大学生创新创业教育路径探究 [M]. 北京：北京航空航天大学出版社有限公司，2021.

[30] 柯东贤，黄俊生. 大学生创新创业教育基于潮商创业精神 [M]. 广州：广州暨南大学出版社有限责任公司，2021.

[31] 蔺中，梁燕秋，任磊，刘冰，甄珍. 中国高校创新教育改革研究 [J]. 教育教学论坛，2020（14）：1-2.

[32] 邱跃华，郭丹. 创新驱动背景下高校创新教育路径选择 [J]. 武陵学刊，2022（5）：138-142.

[33] 柯赟洁. 高校创新教育探索 [J]. 轻工科技，2017（2）：147-148.

[34] 武敏. 现代教育技术与高校创新教育的分析和研究 [J]. 当代教育实践与教学研究，2020（10）：31-32.

[35] 郝润芳，程永强，桑胜波，李鸿燕. 普通高校创新教育有效途径探索研究 [J]. 教育教学论坛，2020（41）：363-364.

[36] 关红梅. 高校创新教育的实践与展望 [J]. 中国成人教育，2016（17）：72-74.

[37] 钱静珠. 高校创新教育研究的元分析 [J]. 国内高等教育教学研究动态，2017（17）：12.

[38] 刘学军，徐建玲，付坤. 高校创新教育的困境、成因及对策 [J]. 现代教育管理，2017（10）：74-78.

[39] 曹睿卓，龚波. 当代中国高校创新教育浅析 [J]. 理论与实践，2017（6）：37-40.

[40] 钱静珠，胡金平. 高校创新教育研究的元分析 [J]. 黑龙江高教研究，2017（4）：6-9.

[41] 程舒通. 高校创新教育中的难点及对策 [J]. 黑龙江畜牧兽医，2019（10）：171-174.

[42] 金鑫. 高校创新教育与德育教育的契合探讨 [J]. 科技创业月刊，2019（1）：92-94.

[43] 王丰，胡楠，徐驰. 高校创新教育的问题、成因及应对方法探析 [J]. 试题与研究，2018（20）：122.

［44］ 吉有余. 高校创新教育与德育教育的契合探讨［J］. 新生代，2019（10）.

［45］ 李腾飞. 高校创新教育运行机制的探讨［J］. 科技资讯，2016（10）：93，95.

［46］ 朱桃杏，韩现民，孙明磊，朱正国. 高校创新教育探讨［J］. 科技信息，2011（3）：616.

［47］ 张海燕,张俊. 高校创新教育与专业教育有效融合机制探究［J］. 科技创业月刊，2020（9）：111-113.

［48］ 杨雪，郁汉琪，陈巍，温秀平. 高校创新教育体系的构建与实施［J］. 南京工程学院学报（社会科学版），2018（1）：71-75.